DIAMOND 流通選書

選ばれる店になる！

# 大競争時代のID-POSデータ活用術

石原みどり



ダイヤモンド社

# はじめに

私は30年以上前、山梨県の食品スーパーに入社した。当時、小売業を取り巻く環境は山梨県内でも大きく変化していた。本部のバイヤーとなった20年ほど前からは、自社の顧客のライフスタイルに合わせた、きめ細かい商品政策が必要だと考えるようになっていた。

そこで、優良顧客層の維持・拡大を目的としたＦＳＰ（Frequent Shoppers Program：フリークエント・ショッパーズ・プログラム）の手法を取り入れることが時代の変化に対応する手段になるとの思いから、顧客の属性を収集するために顧客のカード会員化を短期間で進めた。さらに、従来のＰＯＳ（Point of Sales：販売時点情報管理）から一歩先を行くため、顧客属性と結び付いたＩＤ-ＰＯＳデータの分析・活用を推進したのだ。

日本の流通業界ではFSPという言葉すらほとんど聞かれない時代であり、専門書などもちろんなく、まさに手探りの連続だった。周りから理解を得られず、数々の困難な状況に遭遇しながらも、データ分析の責任者として顧客の囲い込みに役立つ手法の研究と実験を粘り強く重ねてきた。結果として、ID-POSデータの分析・活用の成果を社内外に示すことができたと自負している。

その後、後進の育成を進め、FSPの手法を引き継ぎ、2015年1月に定年を機に食品スーパーを退社した。現在はFSP流通コンサルタントとして、ID-POSの重要性を訴えながら、その導入や応用について各方面で相談や指導に当たっている。

いまや食品スーパーや総合スーパー（GMS）、ドラッグストアといった小売のみならず、食品や日用品をはじめとする消費財メーカー、コンサルティングやデータ分析関連企業など、さまざまな業種において、ID-POSデータを新しいビジネスに活用する動きが進んでいることは、ご存じのとおりである。

小売業界においても、ＩＤ－ＰＯＳによる顧客の購買履歴を蓄積し、そのデータから顧客のライフスタイルを想定し、商品やサービスを提供する時代に突入している。多くのＩＴ企業がＩＤ－ＰＯＳデータの分析ソフトを開発、販売していることも、この流れを後押ししている。

ただ、分析ソフトを活用して成果を上げ、その取り組みをさらに強化しようとしている小売業がある一方、課題を抱えている小売業も少なくない。

取り組みがまだ初期段階の企業、ＩＤ－ＰＯＳデータを蓄積したものの分析できていない企業、データの蓄積・分析を行っているものの、そのデータの活用方法を定められない企業、データを活用しつつあるが会社全体を巻き込むまでには至っていない企業など、課題もさまざまである。

本書では、30年以上にわたって小売業に携わった経験に加え、その後、多くの小売業や消費財メーカー、IT企業などに対するコンサルティングを通じて得た知見を整理した。なぜデータ分析が必要なのかを改めて説明するとともに、小売業が組織的にデータ分析に取り組むためのノウハウを提供することを目的としている。

ID-POSデータ分析に取り組む際の最大の課題が、組織づくりである。いかにトップを説得し、部門間の連携を強めていけばよいのか悩んでいる担当者も多い。本書では、私の小売業やコンサルティング業での経験から最短でデータ分析への理解を得られる組織づくりの方法をまとめた。社内外の関係者を巻き込み、ID-POSデータを活用する土台づくりに役立つはずだ。

また、ID-POSデータの分析が進む現在、顧客への商品提案には、従来のPOSデータによる「何が」「いつ」「いくつ」売れたかという「商品視点」に加え、顧客それぞれの生活シーンに対応する「顧客視点」が求められている。商品提案の手法が変化する中、メーカーを巻き込み、ID-POSデータ分析の成果を具体的に売場や品揃えに落とし込む方法についても記している。

国内では人口減少と少子化、高齢化が同時進行しており、このまま何もしなければ市場規模の縮小と、売上の減少は避けられない。食品スーパーはすでにオーバーストア状態にある。メーカーにおいては生き残りをかけ、市場環境の変化に合わせた商品開発競争が激化している。小売業もメーカーも、同業他社のモノマネ戦略ではなく、独自の確固たる経営戦略が必要となっている。

そのカギを握るのが、ＩＤ-ＰＯＳデータの分析・活用である。

本書が流通業界の成長と発展に結び付くことを切に願っている。

ＦＳＰ：流通コンサルタント代表

石原みどり

# 第1章 ID-POSデータ活用に向けた組織づくりと情報共有の必要性

## 第2章 顧客データの情報源と内容



## 第3章 顧客のライフスタイルの発見

## 第4章 顧客分析ソフト導入に伴うプロセスと課題



## 第5章 プロモーションの実践

# 第6章 ID-POSデータ分析の共有化

# 第7章 ID-POSデータ分析のさらなる進化と可能性



※文章の上と下には、線を引きやすいように点を設けています。重要なところに線を引くなど、教科書のようにご活用ください

# 第1章

# ID-POSデータ活用に向けた組織づくりと情報共有の必要性

# 「顧客視点」のビジネスとは

現在の小売業は、「顧客視点」のビジネスへと変化している。「顧客視点」とは、顧客の購買行動を理解することだ。「顧客視点」がなければ、少子化、高齢化、人口減少、小商圏化といった変化に対応することは難しい。

もともと顧客一人ひとりに向き合おうとする「顧客軸」を重視するビジネスは、ＩＤ-ＰＯＳデータが注目される前から存在していた。たとえば、百貨店の外商部門がそうである。

外商部門では、以前は顧客の購買履歴を手書きで管理していた。その後、デジタル化を進めるなど、長年データを蓄積してきた。これこそ「顧客軸」の基本である。顧客ごとに購買履歴データを管理し、リピート顧客へと誘導することに努めてきた。

毎日顧客を個別訪問する乳飲料メーカーの販売も「顧客軸」ビジネスの代表例といえる。訪問販売を継続し、顧客の志向や健康をサポートする手法を確立している。

このふたつの事例は、直接接することで顧客の嗜好を把握し、「顧客視点」でのビジネスを継続している代表例である。

ＩＤ-ＰＯＳデータを活用しなくても顧客に喜ばれ、顧客満足度を継続的に維持することはできる。しかし、顧客の数が多くなると、顧客の変化をとらえることが難しくなる。

そこでいま、小売業はＩＤ-ＰＯＳデータを活用し、その分析から顧客の好みや志向などを発見していく時代を迎えている。

顧客のライフスタイルを仮定し、クラスター（顧客の志向などで分類した集合体）に分類することで、顧客一人ひとりに対するワン・ツー・ワン・マーケティングを行い、顧客を囲い込むことも可能となる。

より販促効率の高いクラスター別のプロモーションを実施するため、ターゲット顧客をデータから抽出し、リアルやデジタルにおいて販売計画に落とし込む。科学的なデータを根拠とした新しいビジネスの可能性が広がっているのである。

# ID-POSデータの分析で顧客の変化に気づく

ＰＯＳデータのような商品軸から、顧客ごとのＩＤ-ＰＯＳ管理にもとづく顧客軸へと、データ分析の主流がシフトしている。

ＩＤ-ＰＯＳで得られる顧客の購買履歴の蓄積データは、顧客の囲い込みにおいてリアルタイムで分析・活用できる。

つまり、商品の販売実績としてのＰＯＳデータから、いまやＩＤ-ＰＯＳデータにより、「いつ」「だれが」「どこで」「何を」「いくらで」「どのようなチャネルで」購入したのか把握できるのだ。

こうした顧客の購買履歴データを蓄積することは、顧客を知り、顧客の変化を発見するための準備といえる。

今、まさにＩＤ-ＰＯＳデータの蓄積や分析・活用が求められる時代を迎えている。実際、多くの小売業やメーカーがＩＤ-ＰＯＳデータの活用を始めているのだ。

そもそも小売業のビジネスモデルは、自社の営業エリア内に暮らす人々の生活に欠かせない商品や生活を豊かにする商品を仕入れ、販売することである。そこで従来は、ＰＯＳデータによってそれぞれの商品の売れ行きを把握し、マーチャンダイジング（商品政策）に生かしてきた。

しかし、**顧客の生活はつねに変化している。年齢が変わり、収入が変わり、家族構成が変わり、住まいが変わる。こうした変化に伴い、ニーズや好みも変化していくのは当然**である。

典型的なのが食品だ。食品の購買履歴を見れば、顧客の食生活がわかり、そこからライフスタイルが見えてくる。単身者が結婚し、子供が生まれ、子供が大きくなり、やがて独立していく。食品の購買内容や頻度は、ライフスタイルに応じて変わる。

いま、顧客はどのようなライフスタイルなのか。それを見つけ出すには、蓄積したＩＤ-ＰＯＳデータを分析することが有効である。

一定期間の購買履歴を分析すると、顧客が以前と同様のライフスタイルを保っているのか、ライフスタイルが変化しているのかをデータから発見できる。ＩＤ-ＰＯＳデータは、顧客のライフスタイルが次の段階へと変化していくことへの対応を可能にしてくれる。

顧客の変化を発見できなければ、導入期から成長期、衰退期という商品のライフサイクルとはかけ離れたプロモーションを展開することとなる。

その結果、商品（とくに食品）の廃棄率が高くなり、非効率なオペレーションや人員配置など、悪しき慣習につながっていく。

ＩＤ-ＰＯＳによるリアルタイムの顧客分析で、この悪しき慣習を効率のよいものに転換することができる。顧客のライフスタイルの変化に対応した商品開発につなげることも可能となるだろう。

また、顧客分析ソフトの進化に便乗し、顧客の変化に早く気付くことが重要である。日々、顧客に接する小売業だからこそ、顧客のライフスタイルを発見し、変化に対応することが可能なのである。

メーカーの商品開発においても、味や素材、調理方法、見栄え、簡便性、こだわりなど、商品軸で進めていくだけでは、ますます差別化しにくくなる。

顧客が望んでいると思われる商品を開発するには、顧客のライフスタイルをＩＤ-ＰＯＳデータ分析からいち早く発見し、その変化を反映させていくしかない。商品開発のコストを抑制し、価格以上の価値を提供することができれば、企業のブランドイメージ向上にもつながる。

ＩＤ-ＰＯＳデータの分析にあたって、２つのことに留意すべきである。

ひとつはデータの容量である。サーバーやＣＰＵ（中央処理装置）の能力向上により、従来に比べて桁違いに大量のデータを収集・蓄積し、処理できるようになった。

もうひとつは、収集する情報の範囲だ。顧客の購買履歴の蓄積にあたっては、長期間収集し、多様な顧客のデータを集めることが重要だ。

ＰＯＳデータ分析では、ベーシック商品なら1カ月分のデータで十分とされる。しかし、日本は四季の変化がはっきりしており、季節によって売れ筋商品が異なる。顧客の購買履歴をもとにするＩＤ-ＰＯＳ分析では、最低1年は購買履歴を収集すべきである。

多様な顧客のデータを集めることで、ライフスタイルの分類が可能となる。顧客をライフスタイルごとにいくつかのクラスターに分け、クラスター別に適切なプロモーションを行うことができる。

小売業では、経営戦略や商品政策、マーケティング、店舗でのプロモーションに至るまで、計画の立案と実行の繰り返しだけに終始してしまうケースが多い。今後は、ＩＤ-ＰＯＳデータを活用し、分析と検証を加えるなどＰＤＣＡ（Plan-Do-Check-Action）サイクルを回して、改善を図るべきだ。

それにより顧客との関係を維持・深耕することが容易になり、競合他社との競争において優位に立てるはずである。

# なぜID-POSデータの活用が進まないのか？

ID-POSデータの分析・活用を始める小売業やメーカーが増えているが、初期段階でストップしてしまうことも多いようだ。なぜデータの活用が進まないのだろうか。

**その理由として、小売業、メーカーとも社内の組織化と情報共有が十分にできていないことが挙げられる。**

ID-POSデータの分析・活用の必要性は認識されつつある。企業としての取り組み方針も決定している。しかし、組織が整っておらず、社内外における情報共有も不十分なために進捗が遅くなってしまうのだ。

小売業の側では、次のような事情がみられる。

商品の販売計画を立てるには、まず商品部で過去のPOSデータを分析する必要があるが、商品部は非常に忙しい。データの中身を見る時間すらない。ID-POSの確認は、さほど優先順位の高い作業と捉えられていないのだ。品揃えを担う商品部は顧客の購買履歴など自分たちにはあまり関係ないと考えている場合が多い。

データ分析とは、商品主体のPOSデータ（販売データ）の分析を意味していた時代が長い。現在もPOSデータの分析は最低限必要ではあるが、それに加えて顧客の購買履歴というID-POSデータを分析する必要性が十分認識されていないことは大きな課題である。

また、**担当部署のスタッフはID-POSデータの分析・活用の必要性を理解していても、マネジメント層が理解していない**ことがある。**顧客の囲い込みのために最もID-POSデータを必要としているのは小売業であり、また実**

**際にデータを収集できるにもかかわらず**、だ。

マーケティング部門の関係者は外部の勉強会や研究セミナーに参加することが多いようだが、マーケティング部門のみ知識を習得しても意味がない。営業や商品開発など関係部門と情報が共有されてこそ意味があるのだ。

関係者がＩＤ-ＰＯＳデータの分析・活用について情報交換したり協議したりする場を組織内に設ければ、大きな前進がみられるだろう。

このように情報交換が盛んになれば、ＩＤ-ＰＯＳデータに対する知見が共有されるとともに、理解が深まり、競争優位性につなげるチャンスであるとお互い確認できるだろう。

従来の「商品軸」から見たマーケティングの視点だけでなく、ＩＤ-ＰＯＳデータから発見できる顧客のライフスタイルまで含むデータを「顧客軸」で見ることが可能となるからだ。

メーカーについても、課題は似通っている。

多くのメーカーでは、社内に講師を招き、勉強会が盛んに行われている。外部のセミナーなどへの参加も多い。

ＩＤ‐ＰＯＳデータについての基本的な知識をこの数年間でかなり吸収し、実際にデータを蓄積している小売業と協業したいと考えている企業も増えている。

しかし、小売業との間で話が進まないことが多いようだ。

ある食品メーカーから聞いた話では、小売業のデータ開示を前提に収益の改善に寄与する体制を整えたものの、肝心のデータ開示の許可が得られず、協業がストップしているという。

このメーカーは、ＩＤ‐ＰＯＳデータを活用した提案が小売業にとりメリットがあることを理解してもらうため、事前にＩＤ‐ＰＯＳデータの分析・活用に向けた方針を定めて、参考データをもとに独自に社内で研究している。マーケティング部門の責任者が中心になって、社内において勉強会も立ち上げているのである。

しかし、小売業との商談窓口となる営業部門の担当者は日々、売上の目標達成に追われており、ＩＤ-ＰＯＳデータの必要性を共有する時間がとれないのが実情である。そのためメーカーの意図が小売業に伝わらず、協業がストップしてしまうのだ。

こうした状況を打開するには、商品開発にかかわるコンセプトを小売業と共有する必要がある。そのためには、商品開発スタッフに小売業との面談などに入ってもらうとよいだろう。

さらに、営業と商品開発の部門連携を進めるため、マーケティング部門スタッフも参加させる必要があるだろう。

チームとして**営業・生産・マーケティングという3つの部門が連携し、ＰＤ**

ＣＡを回して改善を図る。小売業とつねに情報を共有する長期的な取り組みが理想である。

## 担当部署の確立と情報共有の重要性

**小売業のID-POSデータの分析・活用への取り組みにはさまざまなパターンがあり、私は次の8つのパターンに分類している。**

パターン①

ほかに優先してやるべきことがあり、ID-POSデータの分析・活用は時期尚早という企業。いずれ検討するとしても、いまはその段階ではない。

パターン②

ID-POSデータの分析・活用は必要だと認識し始めているが、推進する部署が設けられず、スタッフもいないという企業。どこから取り組んでいけばよいか迷っている段階。

パターン③

経営幹部はＩＤ-ＰＯＳデータの分析・活用に関心を持っているが、担当すべき部署から提案が出てこないので議題に上らない。

パターン④

ＩＤ-ＰＯＳデータを蓄積しているが、社内事情によってデータ分析まで踏み込めていない。

パターン⑤

ＩＤ-ＰＯＳデータの分析を行っているが、活用については一定レベルまでしか実施できていない。活用の幅を広げられない理由がある。

パターン⑥

顧客分析ソフトを導入し、ＩＤ‐ＰＯＳデータの分析・活用を独自に始めている。しかし、自社での取り組みにとどまり、外部に対しては閉鎖的なため、活用方法を十分に広げられていない。

パターン⑦

顧客分析ソフトを導入し、ＩＤ‐ＰＯＳデータの分析・活用を独自で進めている。しかし、外部への公表にはあまり積極的ではなく、自前ですべて開発するため時間がかかっている。外部の企業と組んで分析や活用を進めるか決めていない。

パターン⑧

顧客分析ソフトの導入によってＩＤ-ＰＯＳデータ分析は簡素化され、分析のデータフォーマットも社内的にシンプルに共有化されており、取引先と活用方法を研究している。

パターン⑥～⑧のように、現在は分析ソフトを導入する企業が増えており、今後も分析環境を構築する時間と経費を縮小するためさらに増えていくであろう。

**ID-POSデータの分析・活用には、企業内の「組織化」の度合いが大きく影響しており、取り組みの格差につながっている。**

私の経験から言えるのは、ＩＤ-ＰＯＳデータの分析・活用が進んでいる企業は、データの担当部署が確立されており、その役割や重要性が社内で強く認識されていることだ。

そして、企業方針として社内の組織連携が明確になっており、その結果、情報共有が進んでいる。

②から⑦のパターンは、組織内に担当部署を確立できていないといえる。「ID-POSデータの活用意義が明確になっていない」「分析担当部署に人材がいない」など原因はさまざまであるが、その原因を見つけ出し、取り組みを進めてほしい。

# 社内における組織化の進め方

大手小売業ではすでに10年ほど前からＩＤ-ＰＯＳデータの分析・活用が行われている。しかし、実際には担当者レベルの取り組みにとどまり、会社全体で推進する段階に至っていないケースが多い。

強調しておきたいのは、**経営トップの理解と決断により、ＩＤ-ＰＯＳデータの分析・活用を全社的な方針として打ち出すことが重要である**、ということだ。さらに、タスクの推進役となる幹部を任命するとともに、データに強い、もしくはデータ分析に関心のある現場担当者を抜擢するとよい。商品に関する知識も必要なため、商品部から選ぶのが適切である。

そのうえで、ＩＤ-ＰＯＳデータの分析・活用に取り組むために社内の組織化をどのように進めるのかが重要になる。具体的に考えていこう。

まずは、ID-POSデータ取得の準備が必要だ。

流通業界において、顧客の会員化を進める企業は多いものの、ID-POSとなると話は別だ。

**個人情報を取り扱うことから、顧客情報の取得には次の5つがポイントとなる。**

ポイント①

個人情報を管理できる部署を設けること（個人情報保護法を遵守）

ポイント②

ID-POSデータの管理は、情報システム系の部門が行う

ポイント③
顧客の購買履歴を商品軸で見ていく必要があるため、商品部門が大きく関わること

ポイント④
ID-POSデータの分析から活用に進む段階において、販売促進部門と連携すること

ポイント⑤
この4つの部門（個人情報の管理部門、情報部門、商品部門、販売促進部門）の役割を明確にし、相互の関係を調整する部門を設けること

各企業とも組織名は似通っていてもやっていることには違いがある。一連の

【図表1】ID-POSデータの運用手順

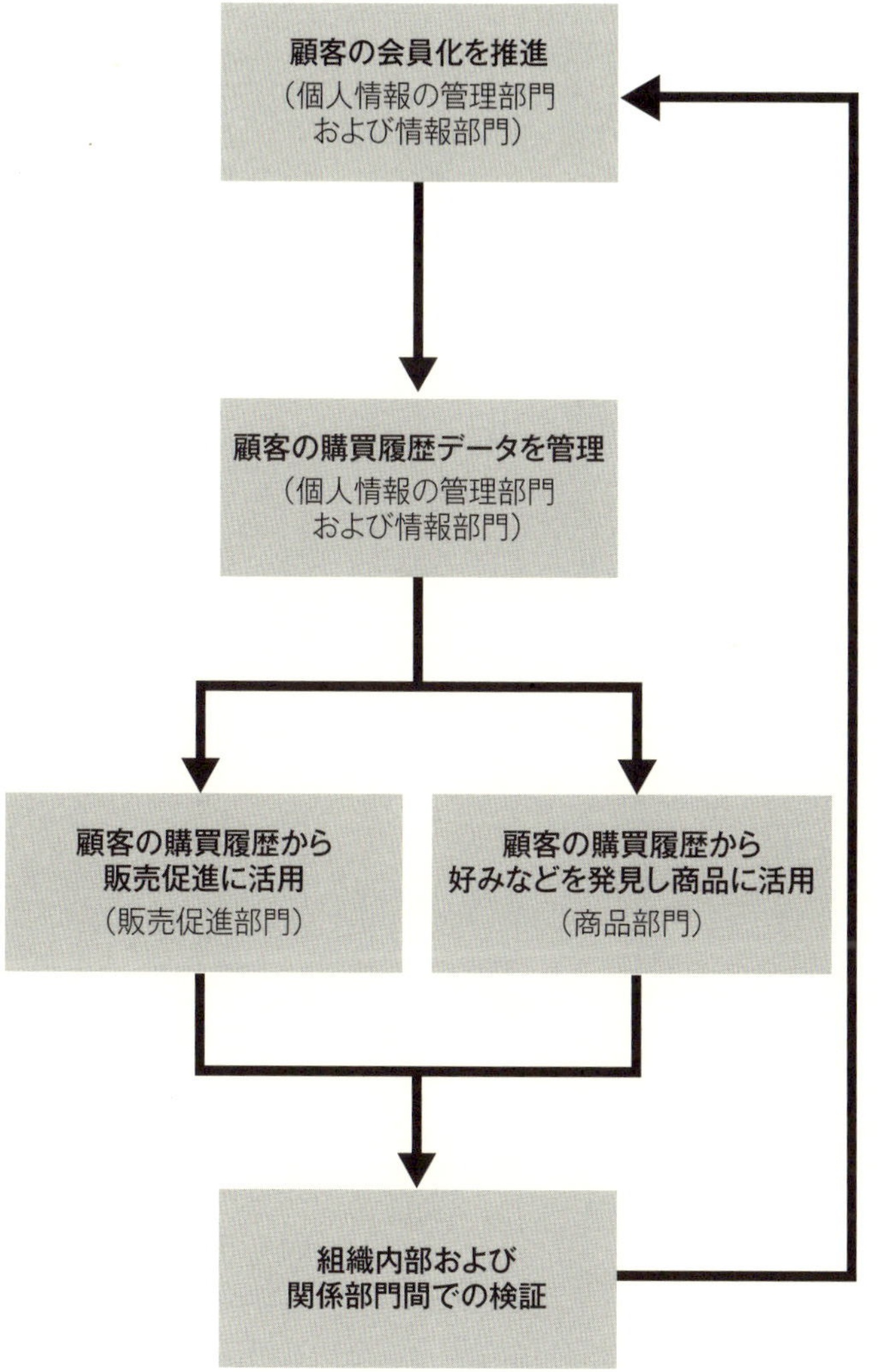

流れとしては、図表1のようになる。

会員カードの顧客ＩＤ登録は、個人情報を管理できる部門が担っているのが一般的だ。顧客の購買履歴のデータは通常、情報システム系の部門が管理するが、これが相当な容量のデータになる。

取り扱うデータ量の関係から外部委託する場合には、個人情報も含めて管理の徹底を図る必要がある。自社管理のコンピュータ・サーバーについても、確認が必要だ。

ＩＤ－ＰＯＳデータ化された顧客の購買履歴からは無数の〝発見〟ができるだろう。自社で扱っている商品をどのような顧客が購入しているかは、商品部門が把握しなければならない。そのデータの確認をせずに商品を扱うことは、旧態依然たる商品を主体にしたビジネスにすぎない。まずは顧客を知ることから始めよう。

**ID-POSデータの分析・活用は、顧客視点のビジネスの要である。関係**

## 【図表2】小売業とメーカーのデータ共有のイメージ

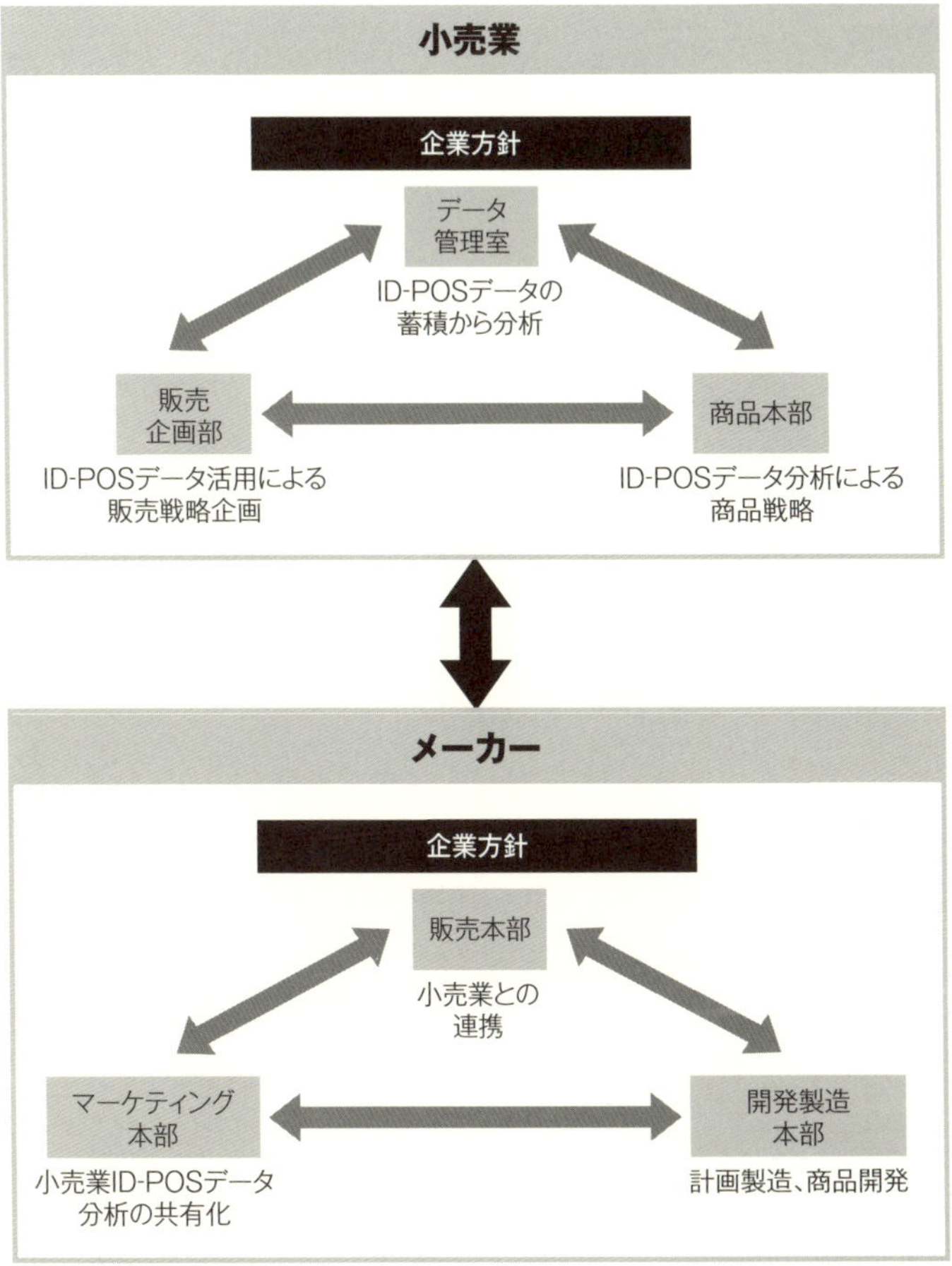


**ID-POSデータ分析から、顧客のライフスタイル発見に至り、顧客の囲い込み手法の開発につなげていくには、小売業とメーカーそれぞれの社内組織化と情報の共有化が必要である**

部門が連携し、全社的に取り組むとともに、小売業とメーカーの間でも共有しなければ、今後、競争で優位に立つことはできないだろう（図表２）。

# 第2章

# 顧客データの情報源と内容

# 顧客把握の基盤となる情報源

リアルとデジタルが融合しつつある現在、企業が「商品」を売るためには、顧客に「モノ」の必要性をリアルとデジタルの両面から周知する必要がある。

リアル店舗では、来店を促す動機付けとともに、自店での買い上げ点数を増やすためのインストア・マーチャンダイジングが重要である。

デジタルによる商品の販売では、顧客の目的買いのカテゴリーやアイテムそのものを増やしていくためにも、オムニチャネル（リアル店舗やインターネット通販〈Eコマース〉など顧客接点を融合する取り組み）化が重要である。

いずれにせよ、顧客に商品購入を促し、買い上げ点数を増やすため、「顧客を知る」ことからＩＤ-ＰＯＳデータの分析・活用は始まる。

具体的にはデモグラフィック（人口統計学的属性）が重要となる。デモグラフィックとは会員カード新規登録時に入手できる性別や年齢、住所、収入、職業、学歴、家族構成など顧客の社会経済的な情報だ。このいくつかの情報をもとに購買履歴などのデータを重ねて、属性ごとにヒットしやすい商品やアプローチしやすいプロモーション手法を検討する。しかし現状では、一部の情報のみが活用されている場合が多い。

顧客のデモグラフィックを入手するハイレベルな情報源としては、クレジットカードがあげられる。住所、氏名は無論のこと、生年月日、勤務先、家族構成、収入など、生活に関わる相当の情報を網羅している場合が多い。

しかし、クレジットカードを所有していても、ふだんの買物で使用される割合はまだ低いのが現状だ。ブランドのバッグ、時計など高級品においては現金での購入よりクレジットカードの使用率が高いと思われるが、日常生活での買物においてクレジットカードが浸透しているとは言い切れないのである。

通常、企業ごとにデータを分析・活用するには、購買履歴とひもづいた会員カードが情報源となる。

基本的な個人情報が登録され、購買履歴の蓄積された会員カードは過去から現在、そして将来においても、顧客の囲い込み手法を実施するためのデータの基盤となる。

もちろんそのためには、高い頻度で利用されることが重要だ。

**ID-POSデータを分析し、顧客のライフスタイルを仮説化するためには、会員による売上高構成比70～80%を目安にしたい**。

国内には会員の売上高構成比が70%以上を占める小売業はいくつもある。比率が低い相手であれば、企業間競争で優位に立てる可能性が高い。

データ分析において会員の売上高構成比を高めることは重要である。

**顧客のふだんの生活を高い精度で把握することにより、「顧客視点」での新しい販売手法の開発につなげることができるから**である。

# 取得する個人情報の項目

会員カードで収集する個人情報の具体的な項目を挙げてみよう。

A：氏名、住所、性別
B：A＋電話番号やメールアドレスなどの連絡先
C：B＋生年月日
D：C＋家族構成、収入
E：D＋持ち家か賃貸か
F：E＋借入金などの有無

顧客への販売促進には、ワン・ツー・ワン対応が理想である。それには、ターゲット顧客をより細かいクラスターに分類しなければならない。個人情報が詳細であればあるほど、その活用により相当数の顧客のライフスタイルが発見できる可能性がある。

一方、あまり詳細な個人情報まで収集しようとすると、顧客は会員となることをためらってしまうだろう。

**取得する個人情報を、顧客が提供しやすい項目に絞ることも非常に重要である。顧客情報の項目が少なくても、顧客のライフスタイルごとにグループ化（＝クラスタリング）する精度を高めれば、ID-POSデータの活用方法を広げることができる。**

国内外での成功企業では、最も簡単な個人情報の記入を条件に、入会金を負担する必要がなく、クレジット機能もない会員カードやポイントカードを発行するケースが多い。ハードルを下げることで、会員となることを促すのだ。

顧客が入会しやすい条件で、なおかつ魅力ある会員カードが、顧客情報の取得に最適な方法として最もよく利用され、顧客の買物履歴データの蓄積につながっている。

会員カードの発行条件については、企業によっていくつかの違いがある。最初の入会段階においての違いは、

**①正確な個人情報の記入を条件としているが、記入内容の精度が高くなくても会員化を進める企業**

**②精度が高くないと顧客へのメリットが還元できないことを顧客に説明し、個人情報をより正確に入手する企業**

**の2つに大きく分かれる。**

顧客の買物履歴をデータとして蓄積していく時点において、データ登録方法

やカード会員化の目的の違いから、どの程度の個人情報を取得するかは企業によって異なっていても問題はない。

ＩＤ-ＰＯＳ化された会員カードの基本的な収集項目は固定的に考える必要はなく、業種ごと、企業ごとに決めていけばよい（図表３）。

なぜなら、それぞれ販売する商品が異なるからだ。その商品は生活必需品なのか、趣味・嗜好品なのか、カテゴリー別に分析することもできるだろう。その商品の持つ特性によっても変わってくる。

その商品が、いつ、どこで使用されるのか、確認したり想定したりすべきである。

登録項目の内容は、顧客のふだんの生活にどこまで入りこみ、ライフスタイルを発見（仮説化）する必要があるかで決定されるべきである（60ページ参照）。

## 【図表3】顧客IDの登録項目の違い

### 会員カード登録項目の参考事例

**A社 会員カード**
- a. 氏名
- b. 住所
- c. 性別

**B社 会員カード**
- a. 氏名
- b. 住所
- c. 性別
- d. 電話番号

**C社 会員カード**
- a. 氏名
- b. 住所
- c. 性別
- d. 電話番号
- e. 生年月日

**D社 会員カード**
- a. 氏名
- b. 住所
- c. 性別
- d. 電話番号
- e. 生年月日
- f. 家族構成

**E社 会員カード**
- a. 氏名
- b. 住所
- c. 性別
- d. 電話番号
- e. 生年月日
- f. 家族構成
- g. ○○○

年齢によって必要とする商品が変化していくため
生年月日が重要。
C社レベル以上の情報が望ましい

**会員カード登録時に取得すべき個人情報は、ID-POSデータとして分析・活用する内容によって異なる**

## 蓄積すべき購買履歴情報

個人情報の次に確認すべきなのは、ＩＤ‐ＰＯＳデータとして蓄積する購買履歴情報の内容である。

ひとつは、顧客が購入した「商品」の販売データだ。もうひとつは、商品を購入した「顧客」の購買履歴データである。

どの小売業でも、「商品」の販売データを分析しているであろう。

しかし、「商品」の販売データはあくまで商品自体のいわゆる単品の販売動向を示すものである。このデータを使って、「商品」の売れ行き動向の把握や在庫調整、販売予測による商品発注などは、どの企業でも実施している。

ここまでは単純なＰＯＳデータ活用であるが、ＩＤ‐ＰＯＳデータでは個々の「顧客」の購入した商品分析が日別、期間別、前年との対比まで容易にできる。そのほか目的によって、さまざまなデータ分析が可能だ。

ここで「商品」から「顧客」への視点が徐々に明確になってくる。POSデータに顧客情報が入った顧客IDを連動させ、深掘りしていくのである。

商品にはそれぞれの特徴があり、顧客は商品特性を評価して購入する。POSデータに顧客IDを連動させることによって、顧客が購入した商品特性や商品コンセプトを分析することが重要である。

いわゆる**「商品DNA」が、商品を購入した顧客のIDと連動して初めて、顧客のライフスタイルの発見に結び付くのである。**

「商品DNA」とは、あらかじめ販売する商品に付与した「健康系」「簡便系」「節約系」といったライフスタイルに沿った特徴のことだ。「商品DNA」を付与することによって、これらの商品を購入した顧客のライフスタイルを類推することが可能となる。

たとえば、減塩をウリにした商品に「健康系」というＤＮＡを与えて、これを購入した顧客を「健康系」のクラスターに分類する。購買履歴データを分析し、売場づくりやプロモーションに生かす。そして、クラスター分類の精度を上げていくのである。

顧客を直接分析するのではなく、購入した商品の傾向を通じて、顧客のライフスタイルを発見しようとする取り組みだ。

ＩＤ-ＰＯＳ分析で有名な英国の食品スーパー、テスコ（Tesco）の例を見ても、**商品自体に商品特性としてのＤＮＡがあり、その商品を購入した顧客の好みを推測し、ライフスタイルを仮説化することが、非常に有効な手段であることがわかっている。**

ここ数年、国内の情報分析ソフト開発企業も、分析ソフトの基本的な設定に「商品ＤＮＡ」を組み込んでいる例が多い。商品にＤＮＡを付与することで、顧客のライフスタイルが容易に判別できるからである。

ただし、ＡＩ（人工知能）の開発により、「商品ＤＮＡ」を使用しないこともある。

なぜなら、商品にＤＮＡを付与することは相当な時間と商品知識、経験、スキルとともに、それ相応の人員が必要だからである。

安易にＤＮＡを付与することは、ＩＤ-ＰＯＳデータの分析で大きな間違いを生じさせる可能性がある。

従来、情報分析は商品主体のＰＯＳデータであったが、現在のＩＤ-ＰＯＳデータ分析は顧客のライフスタイルを発見することで新しいビジネスチャンスへとつなげるものである。

小売業界における競争優位を確立するためには、高精度のデータによって顧客を判別し、「顧客視点」の商品構成や商品開発に取り組むことが必要となる。

ＩＤ‐ＰＯＳデータの分析と活用を何度も重ねて検証することにより、初めて顧客の囲い込みが可能になる。そして、企業間競争における優位性を高めていくことにつながるのだ。

# ID-POSデータの蓄積期間

ＩＤ-ＰＯＳデータの分析と活用は、いま述べたように顧客の商品の購買履歴を蓄積していくことがベースとなる。

顧客ターゲットを抽出するには、**デモグラフィックとともに、顧客の購買履歴の蓄積期間が重要である。そして、顧客ごとに商品の購買履歴をＲＦＭ分析が可能なレベルにまで落とし込まなければならない。**

ＲＦＭ分析とは、直近購買日（Recency）、購買頻度（Frequency）、購買金額（Monetary）の3つの指標で顧客を段階的にグループ化し、それぞれのグループの性質を把握したうえで、具体的なマーケティングを講じる分析手法である。

ＲＦＭ分析を実施することで、ターゲットとなりそうな顧客（クラスター）が、どの曜日のどの時間に来店するかを予測することができる。また、この顧客が週何回来店しているのか把握することで、生鮮食品の品揃えや総菜の製造計画に反映させることができる。さらに、毎回の購買金額を調べることで、ターゲットのロイヤルティ向上の度合いも知ることができる。

リピート顧客の次の購買につながるよう、効率的にアプローチすることが可能になるのである。

それでは、顧客の購買履歴の蓄積にはどのくらいの期間が必要となるのだろうか。

顧客発見のための基礎データやＩＤ－ＰＯＳデータのベースとしては、最初の１年間は保存するべきである。

現在の分析ソフトでは、顧客の購買履歴を１カ月間、３カ月間など蓄積して、顧客のライフスタイルの仮説立てができる。

データ分析から顧客を発見するには、顧客のライフスタイルを仮説化しておく必要があるからだ。

いまからこの取り組みを行う企業の中には、「1年間もデータを保存しておく余裕はない」という意見もあるかもしれない。

1年間ではなく3カ月間のデータでも、顧客分析ソフトを使えば顧客のライフスタイルを見出すことはできるだろう。

しかし、会社全体としてID‐POSデータを活用していこうとするならば、データ分析の精度を高めていく必要がある。顧客のライフスタイルを仮説化した後、その検証を綿密に行い、より精度の高い仮説を用意するにはやはり1年は必要であると考える。

また、ID‐POSデータを1年間蓄積した後、その翌年以降のデータ分析においては、1カ月間ではなくできる限り3カ月間のデータを活用するようお勧めしたい。

なぜなら、1カ月で精度の高いデータを取得、分析し顧客のライフスタイルをより深く探ることができるのか疑問を感じるからだ。

多くの生活者は1カ月単位で収入を得ているが、はたして消費も1カ月単位で区切って判断してよいのだろうか。

「あくまで仮説だから1カ月間でよい」という意見もあるだろう。しかし、1カ月のデータ分析による仮説では、顧客に対するプロモーションを企画するにしても、裏付けが弱いことが多い。

実際に1カ月間の購買履歴データだけで、顧客の家庭が購入する商品をひとつの塊として推定できるかどうかということである。1カ月間のデータ分析からは必ずしも商品の購入パターンをひとつの周期としてとらえきれない場合が多い。

家庭の収入は1カ月単位が多いであろうが、**個々の生活における商品の購入**

**パターンは商品自体のライフサイクルと顧客のライフサイクルの関係に大きく左右される**ことを忘れてはならない。

たとえば、2人世帯の家庭が基礎調味料の醤油の1ℓパックを4月に購入したとしよう。この家庭の1カ月の醤油の使用量が0・6ℓ程度だとすると、この顧客が次回、醤油を購入するのはいつ頃と想定できるだろうか。4月にもう一度、購入するとは考えられない。

また、高齢者夫婦の2人世帯が5月に特売の食用油1・5ℓのペットボトルを購入したとしよう。この高齢者夫婦が揚げ物や炒め物などで使う食用油は1カ月に0・5ℓとすると、この世帯が5月にふたたび、食用油を購入する可能性は低い。

顧客分析は、1日単位でも1カ月単位でもできる。しかし、最低3カ月間のデータを分析しなければ「商品」のライフサイクルと「顧客」のライフサイクルを突き合わせることができず、ID-POSデータ活用の目的である、顧客へのプロモーション企画などの成功率は決して高まらないのである。

# 第3章

# 顧客の
# ライフスタイルの発見

# 顧客発見のための3つの仮説段階

企業がデータ分析をする顧客とは一体誰か。ターゲットとして抽出したい顧客の発見とはどういうことだろうか。

顧客の発見においては、現状では次の3つの仮説段階が使われることが多い（図表4）。

**①顧客の「ライフサイクル」**

生活するうえでの習慣（買物や運動など）の頻度や周期

**②顧客の「ライフスタイル」**

購買履歴から想定される嗜好や生活志向など

**③顧客の「ライフステージ」**

就職や結婚、子育てなど人の一生を段階的に区分したもの

どの仮説段階を発見しようとするかによって、必要とするＩＤの登録項目（会員カードの基本要素）も変わってくる。

数多くある情報分析会社の顧客分析ソフトにおいて、最もよく見られる顧客の仮説段階は「ライフスタイル」である。

顧客のライフスタイルは、ＩＤ‐ＰＯＳデータに基づかなくても、会員登録時に記入したデータによって設定できるし、そうしている企業も多い。実際、市販されている顧客分析ソフトの顧客の生活パターンの分類には、大きな違いはない。

【図表4】顧客発見のための3つの仮説段階

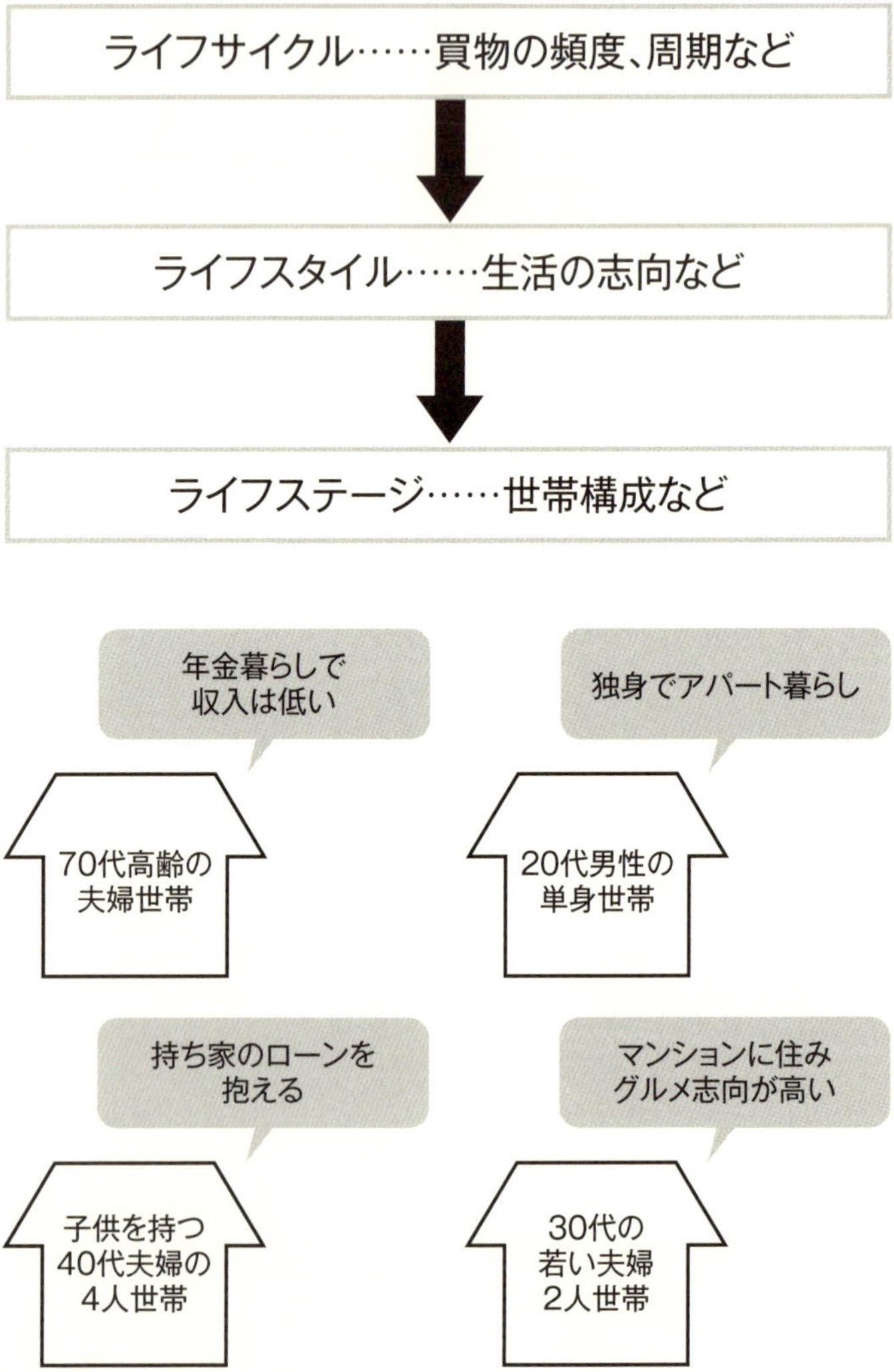

# 食生活から見えてくる顧客のライフスタイル

そうはいっても、実際にＩＤ-ＰＯＳデータの蓄積と分析を行うにあたって、登録されたＩＤのみから顧客ごとのライフスタイルを発見することはできない。顧客がＩＤ登録した後、購買履歴データと連動した分析によってわかってくるのである。したがって、最初の段階では、顧客については個人の単純なデータしか存在しないことになる。

その顧客が買物をするたび何を購入するのかを継続して確認しながら、顧客の生活を仮定する段階に入っていく。

つまり、最初の分析時点では、顧客が購入する商品が分析の軸となる。その商品の特性を十分に吟味し、データを読み込んでいけば、顧客の好みや志向性が徐々に見えてくるのである。

好み、趣味、習慣など顧客のライフスタイルは、具体的にはふだんの食生活を中心に分析する。

なぜ食生活から分析を始めるかというと、まず食べること、つまり食生活にかかる支出が最優先されることが多いからだ。食に次いで、生活関連の消耗品関係の支出、さらに衣料や趣味などの支出という順番となるケースが大半である。

具体的に、子供がいる3人世帯で考えてみよう。

40歳前後の働き盛りの夫は毎日仕事の帰りが遅い。低学年の子供を持つ専業主婦の妻は、子供が帰宅する時間に在宅している必要があり、外出する時間帯が限られているかもしれない。

妻は朝、家族を送り出してから家事を済ませ、その後、空いた時間帯に買物に出かける。夜の食事のメニューを食品スーパーに行ってから決めることが多いので、買物しやすい店をある程度決めているが、低価格をウリにする店にも足を運ぶ。ふだん利用する食品スーパーにないモノを購入するため、別の食品スーパーを利用することもあるようだ。

夫の好物は肉である。子供もハンバーグやソーセージなどの肉類を好むが、妻はヘルシー志向が強いようだ。

こうした家庭環境から、どのようなライフスタイルを仮定できるか、購入する商品のライフサイクルはどこにあるか、などがポイントとなる。

このように、**自社の顧客の生活に近いライフスタイルを仮説化することがカギとなる。しかし、仮説は決して特定の関係者だけで立ててはならない。限られた人だけで生活を想定しては、精度の高い設定はできないのである。**

あるカード会員の食品の買物は週3回、1カ月の食費は7万円前後としよう。

食品の購入サイクルは週3回とすると、ひと月当たり12～14回となる。

こうした顧客の購買パターンを理解した小売業は、どうすればこの顧客のロイヤルティを高めることができるだろうか。

**顧客の好みを見つけてライフスタイルを仮説化し、この顧客へのアプローチを体系的な販売計画に落とし込むことが、ID-POS活用の本来の目的である。**

たとえば、この家庭は肉料理のヘビーユーザーであり、牛肉料理や豚肉料理を好むとしよう。好みの肉の在庫、肉料理のメニュー提案、肉のお買い得期間、肉料理の関連商材の提供など、リアル店舗としてできる対策は数多くある。

また、一緒に購買している商品を見ると(併売分析)、朝食にはソーセージやハムなどの加工肉を好んでいることがわかる。

おもに買物のために来店する妻は専業主婦と思われ、肉料理が主体であるが、健康を意識してか青果の購入数量も多い。このことから、簡単な健康食もそれなりにつくっていると思われる。

顧客の食生活を分析していくと、「魚好きの和食派」「朝食はパン派」「揚げ物好きの即食派」「レンジ食品多用派」「減塩食品を好む健康志向派」のようなライフスタイルを仮説化できるだろう。

商品軸から顧客のライフスタイルを発見し、クラスターごとに新たなプロモーションでメニュー提案を行えば、顧客ロイヤルティの向上につながるはずだ。

# クラスターごとに行うプロモーション

顧客のライフスタイルを仮説化できたら、顧客をクラスタリングしていこう。

以前は、顧客のクラスタリングには自前のデンドログラム（各個体をクラスターごとにまとめた樹形図）などを活用していたが、現在は顧客分析ソフトを導入すれば、すぐにクラスタリングが可能だ。

クラスタリングされた顧客のグルーピングにあたっては、購入した商品の集合に重要な情報が詰まっているので活用しよう。

市販されている分析ソフトで違いがみられるのは、クラスター分類の種類や数である。これは、顧客のＩＤ登録の内容によって分類できるバリエーションに違いがあるので当然といえる。

ライフスタイルのクラスター分類のバリエーションは、クラスター対象のプロモーションの検証を重ねつつ変更していけばよい。

**顧客のＩＤ登録の項目設定は、小売業やメーカーが販売したい商品から検討するべきである。分析ソフトを使用しながらプロモーションの実施と検証を重ねていくことで、ＩＤ-ＰＯＳデータの中から〝お宝〟を発見することにつながるだろう。**

商品を軸にした分析から仮説化を行い、似通った好みを持つ顧客クラスターごとに、商品のプロモーションを実施する（図表５）。

プロモーションを行ったら、その都度、検証を行う。そして、検証結果から仮説化した顧客のライフスタイルの修正や、クラスタリングに変更を加えていく。ＰＤＣＡサイクルを一定の期間ごとに回すのである。

【図表5】クラスターごとのプロモーションの流れ

①クラスターを設定する

- 20代男性の単身世帯
- 20代の若い夫婦世帯
- 子供を持つ30代夫婦の4人世帯
- 子育てが終わった50代の夫婦世帯
- 70代高齢の夫婦世帯

↓

②購買データ分析からライフスタイルを仮説化する

1 食生活
2 購入頻度
3 期間購入金額
4 購入品の志向性
5 一緒に購入する商品

↓

③クラスター別のマーチャンダイジングやプロモーションを行う

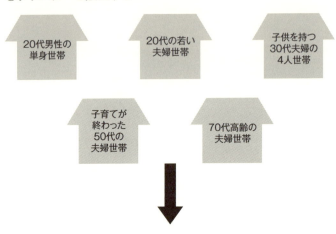

このように、顧客の行動パターンであるライフサイクルを読み、そこからライフスタイルの仮説と検証を重ねていくとその先に世帯ごとのライフステージが見えてくる。

世帯のライフステージの大きな分類としては、次の4つが挙げられる。

**①独身世帯**
**②若い夫婦世帯**
**③夫婦と子供からなる世帯**
**④高齢者世帯**

5年に1度実施される国勢調査の結果を参考に、クラスタリングするのもよいだろう。

そして、食生活を軸に購買データ分析を行い、家族構成などをいくつかのパターンに分けてみるのである。

従来のPOSデータ分析とは異なり、ID-POSデータ分析では、顧客ごとに買物バスケットの中身から何を発見できるかが重要になる。

ただ気をつけたいのは、**ID-POSデータ分析の最終的な目的は顧客を知ることである**。商品の購入履歴データは、顧客がどのような商品を継続して購入しているかを段階的に類推するための参考にすぎない。

ID-POSデータ分析によって顧客を知り、顧客のライフサイクル、ライフスタイル、そしてライフステージまで仮説化し、その精度を上げることで、顧客を囲い込める可能性が高まるのである。

# 第 4 章

# 顧客分析ソフト導入に伴うプロセスと課題

# 顧客分析ソフト導入の理由

ＩＤ－ＰＯＳデータを活用し顧客分析を可能にする分析ソフトには、導入する小売業ごとに多種多様なフォーマットが存在する。それらは基本的に、顧客の囲い込みの考え方や手法によってアレンジされている。

私は約20年前から国内でＩＤ－ＰＯＳデータの活用手法を研究・開発してきたが、当初は「ＦＳＰ」「顧客ＩＤカード」「データマイニング」「顧客クラスター」くらいしか顧客囲い込みに関連する専門用語はなかったように思う。

しかし、図表6のようにいまや数多くの専門用語が用いられるようになっている。このことは顧客囲い込みに必要なＩＤ－ＰＯＳデータ活用への関心の高まりをうかがわせる。

## 【図表6】顧客分析に関する専門用語の例

| | |
|---|---|
| バスケット分析 | デジタルサイネージ |
| ID-POS | リフト値 |
| ビッグデータ | IoT |
| O2Oマーケティング | GIS |
| RFM分析 | CRM |
| 併売分析 | デシル分析 |
| データマイニング | PLSA |
| ライフスタイル | オムニチャネル |
| AI | ライフステージ |
| クラスター | マーケット<br>セグメンテーション |
| RFID | FSP |

※一部の用語についての説明は巻末の用語解説に収録

本章では、顧客分析ソフト導入のプロセスと課題について、実際の事例と現状を踏まえて触れてみたい。

現在、多くの顧客分析ソフトが市販されている。導入を検討している小売業は、何のためにこの顧客分析を行うのか目的を事前に明確にしておく必要性がある。他社がやっているからというだけで、顧客分析ソフトを導入するのでは、思ったような効果は得られないだろう。

導入する理由としてはおもに、次のようなことが挙げられる。

**①顧客の囲い込みに必要であると考えているため**
**②同業他社が顧客分析ソフト導入により競争優位に立っており、このままでは自社の存続が危ぶまれるため（対抗措置として）**
**③すでに競争優位性を築いているものの、さらに事業拡大への取り組みの一環として最適な顧客分析ソフトを導入するため**

### ④ID-POSデータの分析・活用により業務の効率化を進め、人手不足に対応するため

企業ごとに必要性に差はあるとしても、今の時代、ID-POSデータの分析・活用に大いに関心を持つのは当然である。

しかし、小売業がすべて自前で、顧客分析のシステムを揃えるのは通常、困難である。そこで顧客分析ソフトを導入することになるわけだが、その過程にはいくつかのパターンがある。

そもそも、基本的な情報分析のために社内にコンピュータ・サーバーを持ち、商品仕入れから在庫、販売データなどを日常的に管理している企業と、外部にデータ管理を委託している企業とに大きく分かれる。

また、顧客分析の進め方には次の3パターンがある。

①自社独自

②取引先の協力を得る
③外部委託

各企業は自社の計画や事情に合わせて選択している。

**理想的なのは、どの小売業が、どの企業の顧客分析ソフトを利用しても、基本的な分析フォームを共通化できること**だ。そうすれば、小売業と取引先との情報共有と連携は、劇的に進むだろう（図表7）。

なお、顧客分析ソフト導入にあたっては、個人情報保護法による個人情報の管理に留意し、組織的に行うべきである。専任スタッフの任命にあたっては知識レベルと経験値に一定の基準を設けることも必要となる。

【図表7】共通化した分析フォームを取り入れた場合の連携イメージ

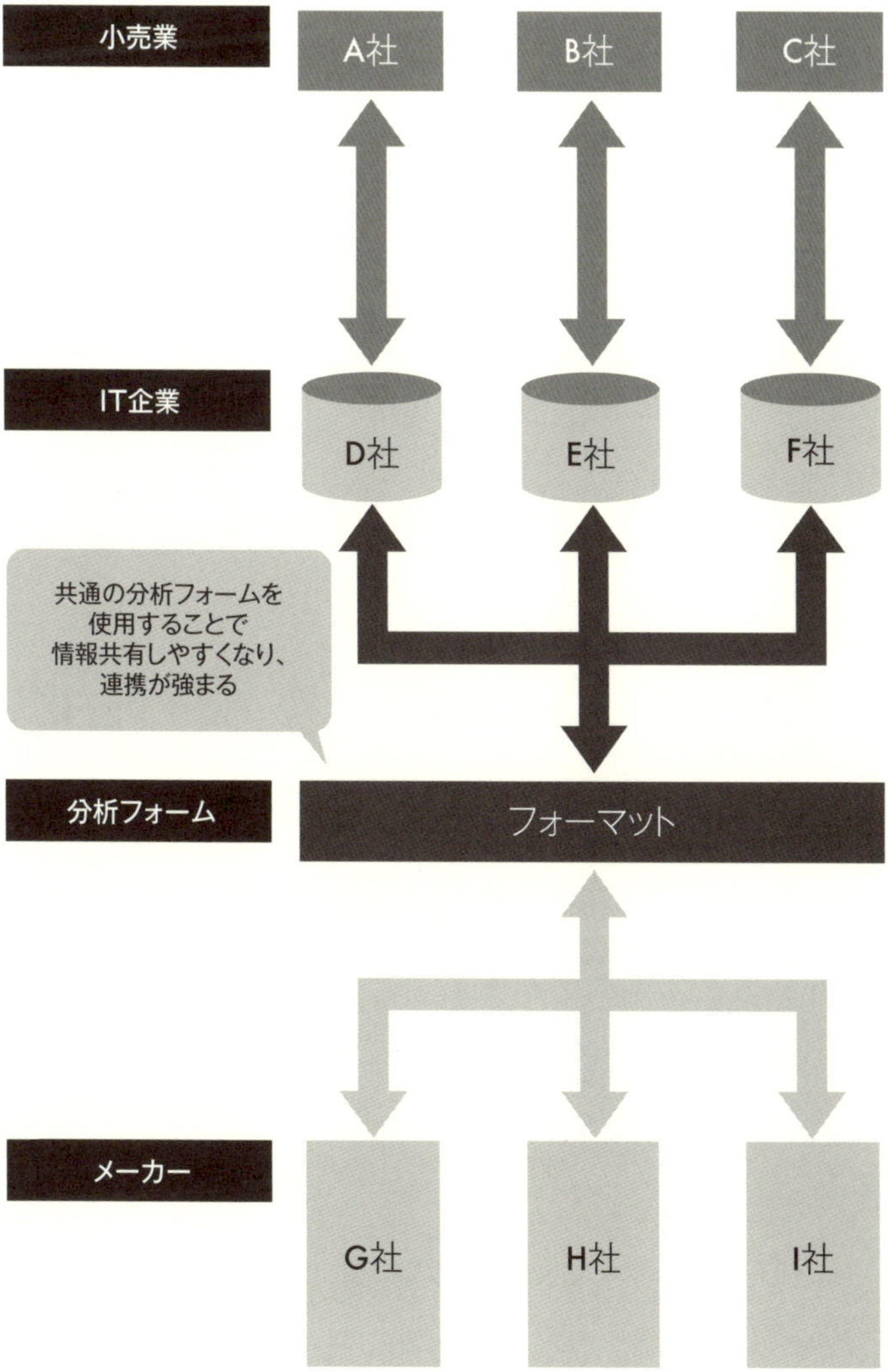

# レジスターの機能を活用する

分析ソフトを導入してＩＤ-ＰＯＳデータ分析を進めるにあたって、情報を入手する経路を確認していこう。

スタートは、顧客ＩＤを付与した会員カードだ。このカードに入力された顧客情報がＩＤ-ＰＯＳデータの前提となる。

次に重要なのが、情報をできる限りリアルタイムなデータとして取り入れる会計用のレジスターだ。

レジスターについては、経費効率の改善や顧客対応の時間短縮のため、開発と導入が進んできた。

現在は、次の３つに分類できる（ＰＯＳレジが基本）。

**①通常のレジスター**
**②セミセルフ型のレジスター**
**③セルフ型のレジスター**

これらのレジスターが使用される環境において、顧客情報を入手することが現状では望ましい。

ただし、小売業によって違いがみられる。

顧客が購入する商品をレジでスキャンして会計する時点において、顧客ＩＤと連動した購買履歴データを収集するレジスターを使用している小売企業では、レジスターの機能をそのまま活用できる。

ＩＤ-ＰＯＳデータの分析から活用に至るまで、分析ソフト開発企業の仕様をそのまま使用するのであれば、こうした通常のレジスター機能でよいであろう。

しかし、**顧客分析により顧客のライフスタイルを発見し、顧客のクラスターごとにプロモーションまでを行うのであれば、独自の機能を付加したほうがよいだろう。**

今後、レジスターの機能は、さらに進化していくだろう。

まずは、レジスターの機能を使いながら顧客分析ソフトを別途導入し、レジメーカーと連携して顧客分析に独自に取り組むケースだ。

この方法を採用する企業は、自社のデータをあまり外部に開示せず、コツコツと自社でID‐POSデータ分析を進めていくだろう。顧客のライフスタイルからライフステージまでを仮定し、実験と検証を重ねていくのだ。

あるいは、レジスター機能を使用しながら顧客分析ソフトを導入し、ID‐POSデータの分析には社内に専任スタッフを配置するケースもある。分析結果を品揃えやプロモーションなどに活用する。最近はこうした企業が増えているようである。

ただ、自社のみではうまくいかず、外部のコンサルタントなどと契約して、ＩＤ-ＰＯＳデータ分析を進める企業もある。データ分析の結果から、顧客の囲い込み手法として、新しいプロモーションの研究開発を実施したりするのだ。

また、レジスター機能を利用するのは同じだが、自社内でＩＤ-ＰＯＳデータを分析せず、外部の情報分析企業にデータを渡して、分析を実施しているケースもある。

こういう企業は、自社で通常のＰＯＳデータ分析を行ってはいるものの、ＩＤ-ＰＯＳデータ分析については専門の部署を設けたり、スタッフを配置したりするといった計画は少ない。コストはかかるが、外部にデータを渡し、分析結果についての報告を定期的に受けている企業もある。

最も進んでいるのは、レジスター機能と顧客分析ソフトの導入を進めつつ、外部の取引先を巻き込んで顧客分析を行うケースだ。

こうした企業は、外部にＩＤ-ＰＯＳデータを開示し、取引先を集めて研究報告会を開くなどして、積極的に関係企業との協業に取り組んでいる。

いずれにせよ、顧客分析ソフトを導入する理由は自社の顧客を知り、顧客の囲い込みを図ることであるが、取り組む内容も、直面している課題も企業によって異なる。それがＩＤ-ＰＯＳデータ活用の進捗に大きく影響している。

自社の顧客のライフスタイルを見つけることは、プラスにこそなれ、マイナスとなることはない。適切に顧客分析ソフトが導入できれば、必ずメリットを感じられるはずだ。

# 顧客分析ソフト導入後の課題

続いて、顧客分析ソフトを導入した後の課題についてはどうだろうか。繰り返しになるが、顧客分析そのものは分析ソフトの導入により、以前に比べて相当容易にできるようになった。分析結果から、自社の顧客を少しずつ知ることができるのである。

顧客の購買履歴を蓄積し、読み込んでいくと、自社の顧客はどのようなライフステージにあるのか、ロイヤルカスタマーの割合がどれくらいなのか、和食派と洋食派の割合はどうかなどをデータで確認したり、仮説を立てたりすることができる。

顧客分析ソフトを使い、好みの商品を軸に、顧客をいくつかのクラスターに分類してみよう。

これまでは来店客の購買履歴を見て仮説を立てていた。また、顧客の会員カード（ＩＤ付）の登録情報から顧客をセグメントしていた。

しかし、年齢の更新や家族の名寄せなどのメンテナンスを行っていなかった企業も多いだろう。

現在は顧客分析ソフトにより、これまでに比べて顧客のライフスタイルを深く知ることができるようになった。企業として顧客のライフスタイルに合わせた提案力が問われているのである。

すなわち、**顧客視点を重視し、顧客を自社のファンやロイヤルカスタマーにすることがミッション**となる。できる限り他社への買い回りを減らしていくのだ。

特売による客数増、売上増は一過性である。同じ商品ならできるだけ安価で購入したいと思うのが顧客心理であり、リピートではなく買い回りに拍車をかける。競合の特売によって、売上や客数が大きく変動することは明らかである。自社のファンやロイヤルカスタマーを増やすためには、顧客のクラスターごとに（企業ごとにターゲットクラスターや手法は違うが）、プロモーションを実施していく。

プロモーションを仕掛けた効果についても、ＩＤ-ＰＯＳデータを元に精度の高い検証を実施しよう。担当するスタッフのみならず、組織内で、定期的に検証結果の共有を図るべきだ。**定期的な検証会を関係する部門長とスタッフ間で行うことが非常に重要**である。

なぜなら、ＩＤ-ＰＯＳデータ分析から得た顧客像の精度を検証することが、顧客にアプローチする際、大きく影響してくるからである。

顧客はつねに変化している。この点からも、顧客ごと、ライフスタイルごとのプロモーションの開発は未知数である。結果を顧客視点で分析することが、次のチャンスをつかむことにつながる。顧客のＩＤ－ＰＯＳデータを活用した新しいビジネスのあり方を探るためには、数々の実験と検証の積み重ねが必要となる。

新しいプロモーションの検証においては、失敗も当たり前と考えておかなければならない。同じ失敗は二度と繰り返してはならないが、新しい取り組みにおいては失敗により進化が生まれることを肝に銘ずるべきであろう。失敗の反省と検証から生まれる成果は大きい。

顧客分析から見えることを、新しいビジネスへつなげるのは簡単なことではない。会社全体で、そのことを前もって覚悟しておくことが大切だ。

# 「顧客視点」のための部署間連携

「顧客視点」のプロモーションを実現するためには、どのような部署が関わることが必要なのだろうか。そもそもデータ分析はどの部署が行えばよいのだろうか。

答えは、**特定の部署だけではなく、ID-POSデータの分析およびデータ活用に関わるすべての部門の連携が必要**になるということだ。関係部署すべての情報共有が不可欠である。

顧客データの分析内容の確認は、定期的にすべての関係部署を集めた報告会、検証会で実施することだ。検証会、報告会においては、分析結果を発表する部署の説明や解説に確信がなければならない。

とかく報告会などでは、検証結果についての質問や疑問が敬遠されがちだ。一方で、失敗の追及ばかりする会議では進歩がない。一部の部署のみでの生半可な検証となってしまうのでは、次につながる推進力も生まれない。

だからこそ、顧客のライフスタイルの仮説構築から顧客ごとのプロモーション実施まで、関係者が自信を持って取り組まなければならない。

顧客のライフスタイルからライフステージまでを仮説化するのは、一部の部署や、一部のスタッフだけで行えるような簡単なことではない。

スタッフによっては商品知識や仕事の経験値に差があるだろう。まずは、一定のレベルをクリアした専任スタッフを任命するとともに、関係部署のスタッフにもデータを読み込み分析する能力を習得させることが必要となる。

専任スタッフには、顧客のライフステージを想定し、その根拠を示すことのできる基本的な知識があり、さまざまな場面において仮説化するスキルが求められる。当然、経験を積めばその能力はアップするはずだ。

# 第 5 章

# プロモーションの実践

# 「顧客視点」のプロモーションとは?

顧客を囲い込むには、どのようなプロモーション手法が効果的だろうか。

個人的には、リアルタイムPOSレジから、顧客ごとに変化球を使いながら「お返し」するプロモーションが最も効率的だと考える。

なぜ顧客に「お返し」するのか。

POSレジを活用し、企業が売り込みたい商品を勧めても、果たして顧客に喜んでもらえるのだろうか。そのプロモーションは顧客が求める内容だろうか。商品とターゲットがずれていないだろうか。

多くの企業が、POSレジから割引クーポンなどを顧客に発券しているが、そのヒット率（実際に利用された割合）はどうだろうか。協賛メーカーは、検証によって次のプロモーションの改善につなげているのだろうか。検証会を実施しているのだろうか。

顧客が喜ばなければ、案内された商品を購入したり、イベントに参加したりすることにはつながらない。反対に、顧客からは余計な行為と捉えられてしまうかもしれない。

どうしたら顧客に喜ばれ、売上につながるプロモーションを仕掛けられるのだろうか。

シンプルに表現すれば、**各部署が連携し顧客がメリットととらえるプロモーションを顧客ごとに研究・開発する**しかない。

「顧客視点」というと、顧客のデモグラフィックとなる年齢、性別、好み、購買頻度、使用頻度と量目、ほかの属性などに注目し、そこから顧客をパーソナライズすることととらえられがちだ。

確かに、ターゲットとする顧客は一人ひとり異なる。データを用いてパーソ

【図表8】販促する商品のターゲット顧客抽出にあたって考慮すること

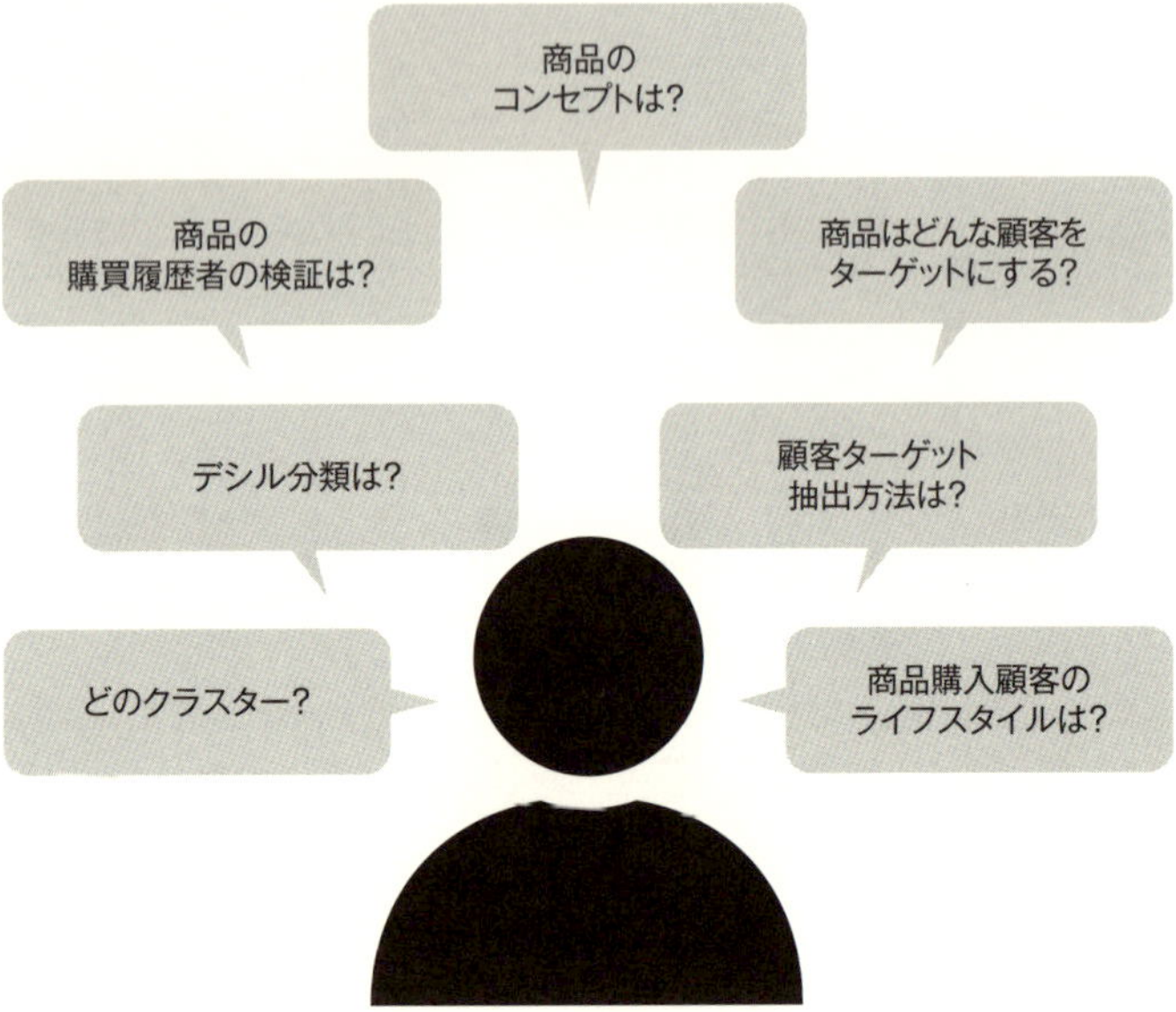


ナライズしていくことで、顧客ごとに価値のある商品やサービスの提供をめざすのである。そこでプロモーションの実践において、ときにはワン・ツー・ワンの手法が用いられたりする。

しかし、**「顧客視点」のプロモーションでは、顧客をライフスタイルでセグメントすることが重要**だ。販促効率を高めるため、ライフスタイルで絞り込んだターゲットに一気にプロモーションをかけるのである。

# 3つの販促手法

セグメントした顧客へのプロモーションとしては、いくつかの手法がある。メーカーとしては、小売業との商談から一歩も二歩も踏み込んで、別途ミーティングなどを行うべきである。自社の商品がどの顧客に購入されているのか、どのような顧客に買ってもらいたいのか、ＩＤ-ＰＯＳデータ分析から顧客を抽出し、アナログ、デジタルの両面から販促手法を考えるべきだ。

ここでは、オープン告知、クローズ告知、ダブル告知を紹介する。

## (1) オープン告知

オープン告知は、すべての顧客が対象のプロモーションである。新商品の発売時に実施されることが多い。

「商品軸」でのプロモーションとして、多くの宣伝媒体を活用する。デジタル対応では、ＳＮＳ（ソーシャル・ネットワーキング・サービス）を活用する例もある。

リアル店舗では商品を陳列する売場に、ＰＯＰなどの販促物を掲示して来店客にアピールする。リアル店舗でのＰＯＰ掲示は新商品の場合が多くを占めるが、会員顧客に対して「この商品を購入すると○○ポイント進呈します」と表示する例も少なくない。

これに加えて、通常のポイント付与も行い、対象商品購入の動機付けとする。実施後は、対象商品を購入した顧客のデータ分析を行い、どのような顧客、どのクラスターが購入したのか検証する。

プロモーション対象商品を好む顧客のクラスター分析は、分析ソフトでも容易にできる。

オープン告知のメリットは、すべての顧客が対象となるため、ターゲット抽出した顧客以外にも新規トライアル効果があることだ。新規トライアル顧客をクラスタリングすることで、クラスター分類の精度を上げることにつなげる。

## (2) クローズ告知

クローズ告知は、設定したターゲットに対してのみ行う告知方法である。クローズ告知では、対象商品を好み、興味を持つと思われる顧客をＩＤ－ＰＯＳデータから分析し、セグメントする。クローズ告知のメリットは、プロモーション対象商品を好むと思われる顧客をターゲットとしているため、オープン告知に比べて効率の高い販促が計画できることだ。

セグメントしたいくつかのクラスターに対しＤＭ（ダイレクトメール）やクーポンなどを使う。ＤＭは郵送するため販促経費がかかるので、単価の高い商品の販売目的に使われることが多い。

最近は、デジタルプロモーションをクローズ告知で実施する企業が少なくない。

大手小売業では精算後、レシートクーポンをレジで渡すケースも多い。クーポンは誰にでも発行しているのではなく、特定商品を購入した顧客に対してのみ行う。次の来店時、クーポン対象商品も購入することを期待しての取り組みである。

この場合、リアル店舗でレシートクーポンを使って購入した顧客について、どのクラスターなのかを検証することが必要である。検証から次回への改善につなげるためだ。

### (3) ダブル告知

ダブル告知はオープン告知とクローズ告知を組み合わせた、全顧客対象型の告知である。

ダブル告知では、リアル店舗の売場に会員向けの特典ＰＯＰを用意する。そして、ＩＤ-ＰＯＳデータから抽出した顧客に対してもレシートクーポンを発行する。

特定の商品を好むと思われる顧客を見つけることを目的とし、比較検証が重要である。

対象商品を購入したクラスターが、ねらいどおりのターゲットなのか、そうでないのかをＩＤ-ＰＯＳデータから検証する。

おそらく、小売業にとってもメーカーにとっても、事前の想定とは異なるクラスターの顧客が購入することを発見できるだろう。

メーカーにとっては、これだけでも大きな収穫である。商品コンセプトにおけるターゲットの修正につながるからだ。

# 「商品軸」による顧客囲い込みは「好み」が重要

これまで、ＩＤ-ＰＯＳデータの分析・活用においては、顧客の好みに合わせて購買実績のない商品を紹介する新規トライアルや、購買率、リピート率を高める販売促進が実施されてきた。

現在も、顧客ＩＤを持たない小売業では、バスケット分析などにより「好むと思われる商品」の提案がなされている。

わかりやすい例として、ある商品を購入した顧客に対し、期間限定で、同じ商品のリピート購入を促すため、ポイント付与や値引きの案内をレシートに表示するケースが挙げられる。

しかし、このやり方は特定の商品を継続購入しているヘビーユーザーに対しては問題がある。商品の値引きは単価の低下、利益減少となるケースが多い。データで検証すれば、新たな対策が生まれるはずだ。

顧客ＩＤの有無にかかわらず、そもそも顧客に対して特定の商品を勧めるには、「好み」が重要な条件となる。

たとえば次のようなケースを考えてみよう。

**ケース①　お酒、アルコール類のユーザー**

お酒好きで簡便食品をよく利用する。夕食のメニューにはコロッケや天ぷらなどの総菜を好み、健康への意識は高くない。

**ケース②　シニアで魚をよく買う世帯**

高齢で、乾物類や調味料を定期的に購入していることから和食好きで、料理は手づくりが多く、時間に余裕がある世帯と推測される。

**ケース③　米と肉類をよく購入し、油は大容量**

米を主食とし、肉料理を好み、油分の多いボリューミーな食生活をしている。

小売業とメーカーが協業して特定の商品の販売を強化するには、購買履歴などから顧客の「好み」を推測し、その商品を認知しやすい場所に並べたり、ディスプレイに工夫をこらす。顧客の購買意欲を高め、買い上げ点数を増やすことがねらいである。

これは典型的な「商品軸」による顧客の囲い込み手法である。**「商品軸」によるプロモーションは、顧客の好みを刺激することが特徴**だ。

## 「ライフスタイル」では併売分析から囲い込む

一方、顧客の好みでなく「ライフスタイル」からはどのような囲い込みができるだろうか。

先ほどの、お酒好きであり、揚げ物総菜や簡便食品を好む顧客（ケース①）については、揚げ物がバスケットに入っていることを確認したら、どのような種類のお酒を購入しているのか、をＩＤ-ＰＯＳデータから分析する。

その結果、特定メーカーの第三のビール（新ジャンル）の継続購入が目立ち、次いで大容量の甲類焼酎の購入が多いとしよう。

この分析結果から、この顧客が揚げ物をつまみに第三のビールや焼酎で毎日晩酌をしているライフスタイルがみえてくる。そこで、顧客のライフスタイルに応じたプランを提案するスキルが問われる。

「商品軸」で考えた場合、メーカーは、第三のビールのヘビーユーザーに対し、自社製品の購入を動機付けるのが定石であろう。

小売業の立場ではどうだろう。そのヘビーユーザーは何かのきっかけがあれば、他社商品を購入するかもしれない。たとえば価格の安さによって、別の商品への「ブランドスイッチ」が生じる。多くの小売業は、こうした変動しやすい顧客を囲い込む必要があるのか疑問を持ち始めている。アプローチをしても、単価が上昇するわけではないからだ。買い上げ点数も大きな変化はないだろう。ブランドスイッチは、メーカーにとって影響は大きいが、小売業から見れば、数値的な変化はほとんどないことが多いのである。

「商品軸」だけでデータを見てはならない。お酒と揚げ物や簡便食品が好きな顧客に対しては、揚げ物をつまみとしてお酒を飲むというその人のライフスタイルを想定したうえで、関連販売などを通じて買い上げ点数を増やすようなプロモーションを行うべきである。

「商品軸」でＩＤ-ＰＯＳデータ分析を行い、同時に併売分析を行うことが、「顧客軸」での囲い込みへの入口となる。**顧客の囲い込みとは、顧客のロイヤルティを高めて離脱を防ぎ、自社にとってのＬＴＶ（Life Time Value：顧客生涯価値）を最大化させることにほかならない。そのために、ＩＤ-ＰＯＳデータを活用する**のである。

この場合、通常の併売分析でなく、より精度の高いリフト値（相関分析の指標のひとつで、関連購買傾向の比率を表す。図表9参照）を確認することがポイントとなる。リフト値まで分析し、さらに効率のよい販売計画につなげるのである。

リフト値まで分析することが定型化できれば、次のチャレンジ（分析のステップアップ）がたくさん待っている。

## 【図表9】トマトケチャップ500gを軸にした併売分析（分析期間6週間）

※PI値＝レジ通過客1000人当たりの購買指数、（販売個数／レジ通過客数）×1000
同時購買率＝A商品がB商品と一緒に購入される確率。この場合、A商品はトマトケチャップ500g、B商品は図表内の商品
リフト値＝同時購買率を、同時購買された商品の購買率で割った値

| 商品名（B商品） | 総数 | 同時購買数 | 同時購買率 | PI値 | UP率 | リフト値 |
|---|---|---|---|---|---|---|
| マヨネーズ 350g | 13,324 | 799 | 7.0% | 0.39 | 0.6 | 11.339 |
| スパゲティ 500g | 11,177 | 436 | 3.8% | 0.25 | 0.5 | 7.365 |
| 国産豚ひき肉 大（解凍） | 10,904 | 363 | 3.2% | 0.19 | 0.5 | 6.255 |
| 国産豚ひき肉 中（解凍） | 18,629 | 485 | 4.3% | 0.24 | 0.9 | 4.897 |
| パックベーコン 140g | 21,914 | 520 | 4.6% | 0.26 | 1.0 | 4.437 |
| 国産牛豚ひき肉 小（解凍） | 10,743 | 252 | 2.2% | 0.13 | 0.5 | 4.420 |
| シーチキン 3P | 16,624 | 375 | 3.3% | 0.18 | 0.8 | 4.231 |
| ミートボール 2個束 | 19,314 | 436 | 3.8% | 0.21 | 0.9 | 4.209 |
| スライスチーズ 8枚 | 19,262 | 417 | 3.7% | 0.21 | 0.9 | 4.078 |
| 国産若どりむね肉 2枚 | 18,455 | 398 | 3.5% | 0.21 | 0.9 | 4.070 |
| ウインナー 250g | 22,320 | 464 | 4.1% | 0.23 | 1.1 | 3.886 |
| 国産若どりもも肉 2枚 | 15,308 | 312 | 2.7% | 0.17 | 0.7 | 3.806 |
| 国産豚肉こまぎれ | 16,228 | 328 | 2.9% | 0.17 | 0.8 | 3.789 |
| 玉ねぎL（袋） | 22,399 | 441 | 3.9% | 0.21 | 1.1 | 3.695 |

**併売分析では常に特売アイテムを事前に考慮しておく**

**同時購買率とリフト値の関連性を読み取るスキルが求められる**

## 顧客のロイヤルティを高めるために

国内においては、少子化と高齢化、人口減少、1世帯当たりの人数減少が進むとともに、店舗数の増加によって競争が激しくなり、小商圏化が加速している。こうした環境において売上と利益を確保するには、現在、自社を利用してくれている顧客を最優先に考えるべきである。

小売業が現在の顧客の離脱に歯止めをかけ、売上と利益を増やすには、顧客ロイヤルティを高めることが不可欠である。すなわち、リアル店舗では来店回数を増やし、デジタルでは注文回数（リピート率）を上げ、買い上げ点数を増やさなければならない。

先に紹介したケース①からケース③のクラスター（101～102ページ参照）に対

して、どのようなプロモーションを実施すれば、ロイヤルティが高まるのか考えてみよう。

ケース①のお酒と揚げ物総菜、簡便食品を好むクラスターに対しては、購買頻度の高いメーカーの新商品へのトライアルや、ハレの日にはいつもよりも単価の高い商品を提案するなど、小売業からアプローチするのもよいだろう。この場合には、クラスターの客単価アップに向けてFSPの手法を活用すべきである。

また、これまで購買実績のない商品を推奨販売してみたり、新商品に関心を持たせるためにインストアとデジタルのプロモーションを実施してもよいだろう。

小売業や協賛メーカーにとってはさまざまな結果検証の機会を得ることができるだろう。

ケース②のクラスターはシニア世帯であり、魚を好み、基礎調味料などもよく購入している。和食派というだけでなく、自ら調理している点まで読み取ることが必要である。

金銭的にも、時間的にも余裕のあるシニア世代は、おいしい食事を少ない量目で楽しむことを重視する傾向がある。ヘルシーであることや味付けにもこだわりがある。さらに、調理が好きな人は、さまざまな情報を集め、新しいメニューや料理方法を吸収する能力を兼ね備えていることが多い。

２０１０年頃に流行った「塩麹」はそのよい例である。

素材を塩麹に漬け込むことでうまみが増し、味わいが深くなる。また、健康維持につながり、アミノ酸やビタミンなど体によい成分を摂取することができることからも、多くの料理に活用された。

ケース②のクラスターを囲い込むには、小売業が協業メーカーとともに塩麹のようなブームを仕掛けることもひとつの方法だ。売場における新たなメニューや使い方を幅広く提案するとともに、デジタルプロモーションを企画するのである。

チラシ提案型、売場提案型、レシートクーポン型など多くのプロモーション手法があるが、小売業によってどの手法が最も効果的であるか、クラスターごとに繰り返し実験して確かめる必要がある。

ケース③のクラスターは、米を主食として購入し、肉類では豚肉、食用油は大容量を購入している。このクラスターのロイヤルティを高めるためには何が有効だろうか。

まず、主食である米から考えてみる。

このクラスターの家族構成を把握し、1日に食べる米の量を算出すれば、次に米を購入するタイミングが予想できる。そうすれば、米の購入時期に合わせた新たなプロモーションが可能となる。それにはRFM分析が有効である。

急に米が足りないことに気づいた顧客は、当座しのぎとして他社店舗で購入することもあるだろう。それを防ぐには、事前にアプローチする必要がある。1人の顧客のためにアプローチするのは効率が悪いと考えるかもしれない。しかし、クラスター分類が活用できることを理解してほしい。

ケース③のクラスターはまた、豚肉を多く消費し、油の使用量も多いことから、とんかつ類を好むことが推察できる。そこで、新しい味付けのとんかつや、食べ方の工夫などの提案が考えられる。

この点、味付けや食べ方を変える提案だけでは、買い上げ点数の増加にはつながらないと思われるかもしれない。

しかし、競合他社に対して優位性を保つには、顧客のロイヤルティアップがなにより重要である。**顧客の買い上げ点数を上げることはもちろん重要だが、その前に顧客が自社を利用する機会や客単価を維持し、増やすことに目を向ける必要がある。**

肉類が好きなクラスターで、なかでも豚肉が好きなのであれば、新メニューの提案やこれまで購買実績のないスパイスや簡便調味料などの利用を促すチャンスである。

また、健康に関連して野菜を使ったメニュー提案を加えることで、顧客の来店頻度を維持または増やすとともに、結果として買い上げ点数の増加も期待できるだろう。肉類を好むのであるから、鶏肉料理や牛肉料理のメニュー提案も実施すべきである。

以前は、小売業と取引先メーカーが「カテゴリーマネジメント研究会」などを開いて協業していたが、あまり成果がなかったようだ。現在では「ID-POS研究会」などが開始されている。より科学的なデータを使用した取り組みからは、効果が生まれてくるかもしれない。

ただし、ID-POSデータを所有する小売業は、取引先にデータを開示することで対策を丸投げしてはならない。自ら考え、メーカーとタッグを組むことが基本である。

# 第 6 章

# ID-POSデータ分析の共有化

# 分析手法の汎用化の必要性

小売業におけるＩＤ－ＰＯＳデータの分析・活用は、従来、少数の先行企業が自社内で研究し、システム開発も自ら行ってきた。各社が関係取引先と連携し、それぞれの環境、目的に合わせて顧客分析システムを独自に開発してきたのである。

このため、小売業の顧客分析では企業ごとに基礎データや分析内容に違いが表れるのは当然である。

取り組みの中身や外部への開示の度合いにも差がある。こうした違いによって、ＩＤ－ＰＯＳデータ分析の手法はなかなか同一化、汎用化できなかったのである。

しかし、公表・非公表はともかく、情報分析の技術は加速度的に進化している。

**顧客分析手法はできる限り汎用化できるフォーマットで、だれもがデータを見やすく、理解しやすいものを確立する必要がある。**

なぜ、ＩＤ-ＰＯＳデータ分析の内容を汎用化する必要があるのか。

それは、小売業、メーカー、顧客分析システム開発企業間の協力関係をより強固にして、精度の高いデータ分析とプロモーションを実施するためだ。図表10のとおり、ＩＤ-ＰＯＳデータの分析・活用にはさまざまな企業が関わっているケースが多い。

また、顧客分析データを読み込む情報分析の専任スタッフが人事異動で変わったとしても、データの読み込みがこれまでと同じように行われ、同じフォーマットで共有されるようにするためだ。

各社それぞれの分析フォーマットを使うのではなく、どの企業、どのスタッ

【図表10】ID-POSデータ分析・活用の役割パターン

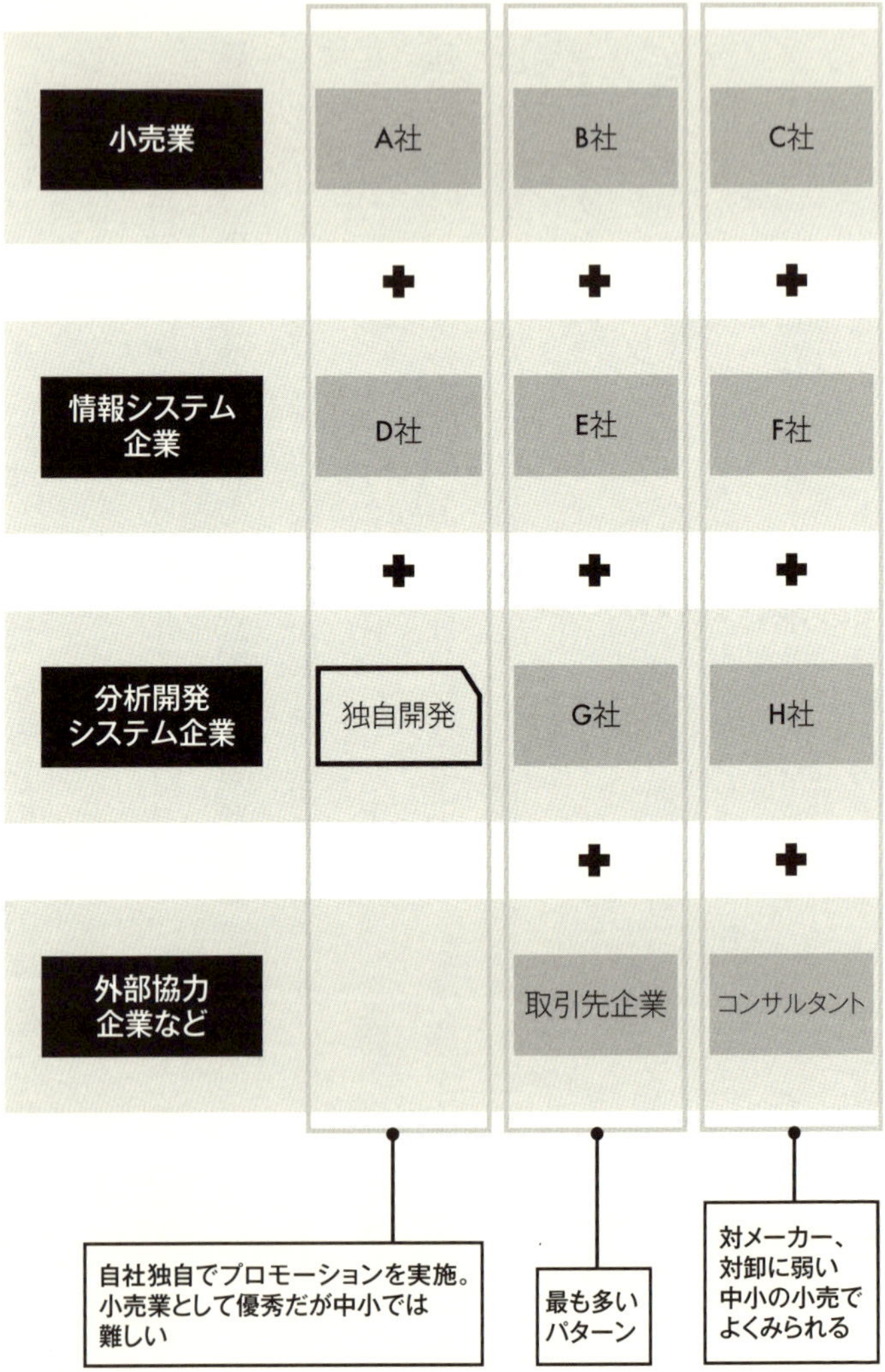

フが取り組んでも変わらない共通フォーマットがあれば、失敗事例や成功事例を共有できる。競合他社との差別化や情報漏洩ばかり気にするのではなく、自社の顧客を分析していることを忘れてはならない。

そして、顧客情報の分析システムに違いはあっても、分析ソフトを共通化することが望まれる。今後はＡＩの開発が加速することで、分析データの登録内容が共通であれば、分析と結果検証を同一化しやすくなり、協力企業との取り組みが進む可能性もある。

# 「顧客軸」での小売業とメーカーの関係

大手小売チェーンの進出により厳しい競争にさらされているにもかかわらず、集客力の高い小売業が全国各地に存在している。

消費者の支持を集める小売業には共通点がある。

それは、「顧客視点」経営である。

先進的な小売業は、顧客の変化に対応するためリアル店舗での改善を継続するとともに、オムニチャネル化を進めるなど、さまざまなやり方で顧客に近づこうと努めている。

小売業が顧客との距離を縮めるためには、取引先企業との新たな取り組みがカギを握る。メーカーや卸売業としても、小売業とＩＤ-ＰＯＳデータを共有

【図表11】情報共有のイメージ

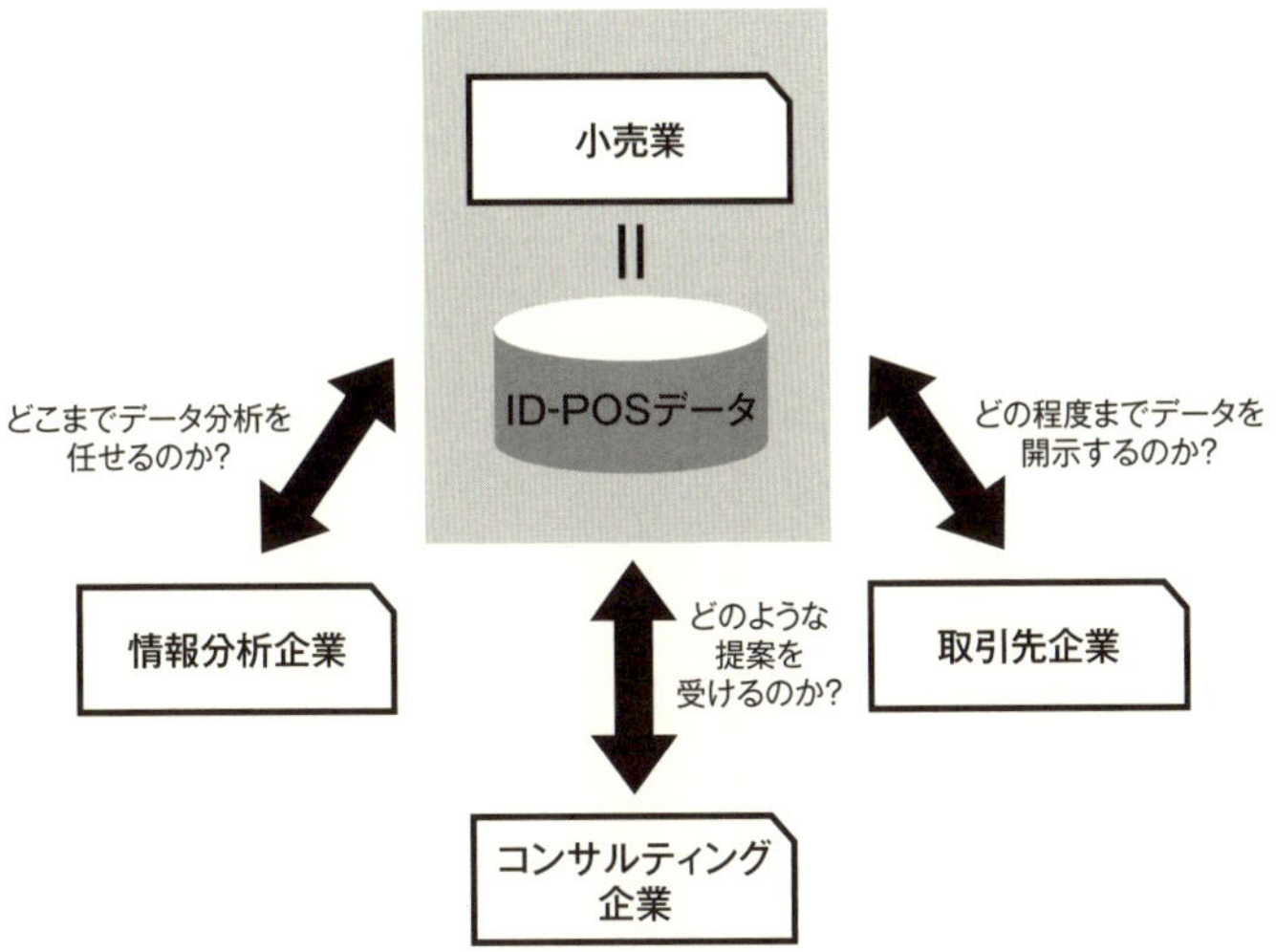


化することが重要課題となるだろう。

ID-POSデータ活用を目的としたデータ分析の共通化は、製配販が連携して流通システムを効率化するECR（Efficient Consumer Response）の推進にもつながる。

「商品軸」でのデータ分析はすでに広く浸透している。しかし、「顧客軸」を中心にしたID-POSデータの分析・活用を、小売業のみで行い顧客を囲い込むのは負担が大きすぎる。

メーカーの市場分析情報を加味した商圏設定を行い、商品構成に生かすべきである。自社がターゲットとする顧客クラスターの好みに応じて、品揃えや売場の買いやすさも改善する必要がある。

「顧客軸」とは顧客視点であると述べたが、顧客は必要とする商品を購入するためメーカーや店舗を選ぶ。自分のライフスタイルに合う品揃えか、また顧客サービスが充実しているかといった点が重視されるのである。

現在、リアルとデジタル双方の進化により、いつでも、どこでも、多様なチャネルから、必要とする商品を購入できる環境が整っている。

「顧客軸」のもとでビジネスプランを組み立てて実験・検証を行い、協力メーカーや商品のブランド価値を高めていくことが重要だ。ＩＤ-ＰＯＳデータの分析・活用は、そのための手段でもある。

# クラスター分類を知られても問題はない

流通業では顧客のクラスター分類は外部にあまり公表されていない。自社のクラスター分類の情報が取引先から競合他社に漏れることを防ぐためである。

自社のクラスター分類が競合他社に漏れれば、自社の顧客を知られてしまう。そうなれば、何らかの対策を打ってくるのではないか、自社にとって脅威となるのではないかという危機感があるのだろう。

だが、**実際には自社のクラスター分類を競合他社が知ったとしても、大きな影響はない。そのクラスターを囲い込めるかどうかは、各社の取り組みにかかっている**からだ。

メーカーとの取り組みにおいて、プロモーションの実験店舗における顧客の購買履歴の分析結果を公表している小売業がある。あくまで取引先との検証会、研究会での公表であるが、実際にはすぐ競合他社に資料が漏れてしまうことが多い。公表する小売業もそのことは承知のうえで、資料を配布している。

なぜ、承知のうえで資料を配布するのか。

理由のひとつは、同一商圏内において自社の顧客クラスター分類を競合他社が把握したとしても、その基礎となるID-POSデータを活用できないためである。自社の顧客像をある程度知りうるだけで、具体的な対策がとれるとは考えていないのだ。

逆に、競合他社の顧客クラスター分類を知ることができても、それは自社の顧客とは言えない。**小売業のID-POSデータ分析から発見できる顧客クラスターは、あくまでも自社で商品を購入する顧客についてのもの**である。

競合他社の顧客分析データを入手しても、それを生かすことは簡単ではない。競合他社の顧客データを利用するのは、むしろ危険である。そのことをよく認識すべきである。

近年、店舗数の増加により顧客が買い回るケースが増えている。それぞれの店で必要な商品を目的買いする傾向が強まっているのだ。

もし、A社とB社の店舗を買い回りする顧客をB社が囲い込みたいと考えるのであれば、それに見合う満足度を提供することが必要だ。A社に買物に行く顧客が求めている条件すべてをB社は満たさなければならない。

しかし、品揃えを全く同じようにできるだろうか。同じ価格で販売することができるだろうか。それができるとして、鮮度も揃えることができるだろうか。同じ品揃え、価格、鮮度で販売できても、同じような売場にできるだろうか。数え上げたらきりがないのである。

各社に独自の戦略があるからこそ、それぞれの良さを選択条件の一つとして顧客は買い回るのだ。

同じ商圏内にあっても、各社の顧客へのアプローチが異なるのは当然である。同業他社が全く同じ戦略をとることができるなら、顧客は買い回りなどせず、最も近く、便利な場所にある店しか利用しないであろう。

他社の顧客クラスターを知ることができても、それだけでは一時的な対策しかできない。競合対策の柱として、他社の顧客クラスターは使えないのである。

むしろ、ＩＤ-ＰＯＳデータの分析・活用において小売業とメーカーが協力関係を構築し、顧客のニーズを深耕する。そのことで顧客の囲い込みにおける優位性を高められるのではないだろうか。

# 第 7 章

# ID-POSデータ分析のさらなる進化と可能性

# ID-POSデータ活用における壁

いまや多くの企業がＩＤ-ＰＯＳデータを分析し、自社の顧客のライフスタイルを発見し、顧客囲い込みに取り組んでいる。

しかし、ＩＤ-ＰＯＳデータを有効活用できないケースも少なくない。いくつかの壁があるからだ。

第1に、データ分析の前提である顧客ＩＤの精度だ。ここからデータ化が始まるわけで、登録したＩＤ情報が実際と異なっていれば、蓄積しているデータは正確ではなくなってしまう。

正確なＩＤ登録をしていても、メンテナンスを毎年確実に実施しなければならない。もし顧客の年齢を登録しているのならば、毎年更新する必要があるだろう。

第2に、仮説化したライフスタイルに修正を加えず、そのままにしてしまっていることだ。

**ある時点での顧客のライフスタイルは、分析ソフトが自動的に分類してくれるが、年齢や家族構成の変化とともにどんどん変わっていく。**

いったん設定したライフスタイルの仮説は、つねに実験や検証を重ね、修正していくべきである。

第3に、自社の商圏分析だ。

汎用化された顧客分析ソフトでは、顧客の購買履歴データを蓄積し、クラスタリングするまでの流れに大きな違いはないと思われる。ライフスタイルの分類例もあらかじめ設定されている。

しかし、エリアによって競合状況や客層には相当な違いがある。それぞれの商圏独自の傾向や特徴を踏まえなければ、顧客の生活に近いデータとして活用することは難しい。

優れた顧客分析ソフトが市販されているのに、そのソフトを使用する基本的な条件と環境を整えなければ、データ分析の精度は低くなる。このことをしっかり理解すべきである。

# 商品開発と商品構成の改善

ＩＤ－ＰＯＳデータの分析・活用の進化の一例は、顧客の生活の変化に対応した商品開発と商品構成の改善といえるだろう。

これまで、日本の小売業は海外のチェーンストア企業のビジネスモデルを研究してきた。しかし現在、**日本は海外の国々よりも早く、少子化、高齢化、人口減少という急速な社会環境の変化に直面している。ビジネスを取り巻く環境変化に対応しなければならない**のである。

たとえば日本では、これまで料理を素材から調理する比較的人数の多い世帯の割合が高かった。しかし、２人以下の少人数世帯が大幅に増えるとともに、総菜やレンジアップ商品など簡便商品のニーズが高まっている。こうしたトレンドを、増加する高齢者世帯の食材や調味料の購買分析から発見するのだ。
新たな商品の開発につながる発見が、ＩＤ-ＰＯＳデータには隠されている。どのカテゴリーにおいて、どのような商品が必要なのかを、データから読み取るスキルが必要とされている。

商品開発と並び、商品構成も重要である。たとえば、一般的に高齢になると体力が低下し、住居に近い店舗での買物が増える。そうなると、顧客のライフスタイルに合わせた、買いやすさと商品構成が囲い込みのポイントになる。

しかし、食品スーパーにとって、コンビニエンスストアが店舗数を増やす中、近くて便利なだけでは商圏内の顧客の支持を獲得できないだろう。せっかくＩＤ-ＰＯＳデータ分析により顧客のライフスタイルを見出し、クラスター別の構成比まで発見できるのだから、顧客のライフスタイルに合わせた商品構成に改善すべきであり、その手法もある。

図表12は私がコンサルティングをした食品スーパー2店舗におけるコーヒーの商品構成を比べたものだ。A店に比べてB店ではコーヒーに関心を示す顧客が多いと仮定し、とくに高価格帯のコーヒーのフェイスを広げて販売したところ、売上が伸びたのである。

**チェーンストアの効率経営の基本は、あくまで利益視点である。しかし現在は、顧客のライフスタイルに合わせた対応が可能な経営モデルが求められているといえよう。**

競争で優位に立つには、科学的手段としてID-POSデータの分析から始め、分析結果の活用方法を自前で、もしくはメーカーとの協業で見出すことが欠かせない。

ID-POSデータの分析・活用においては、小売業もメーカーも、商品開発と商品構成を消費者のライフスタイルの変化に合わせることが重要である。

【図表12】A店・B店におけるコーヒーの商品構成比較

縦軸：フェイス数、横軸：価格帯（円）

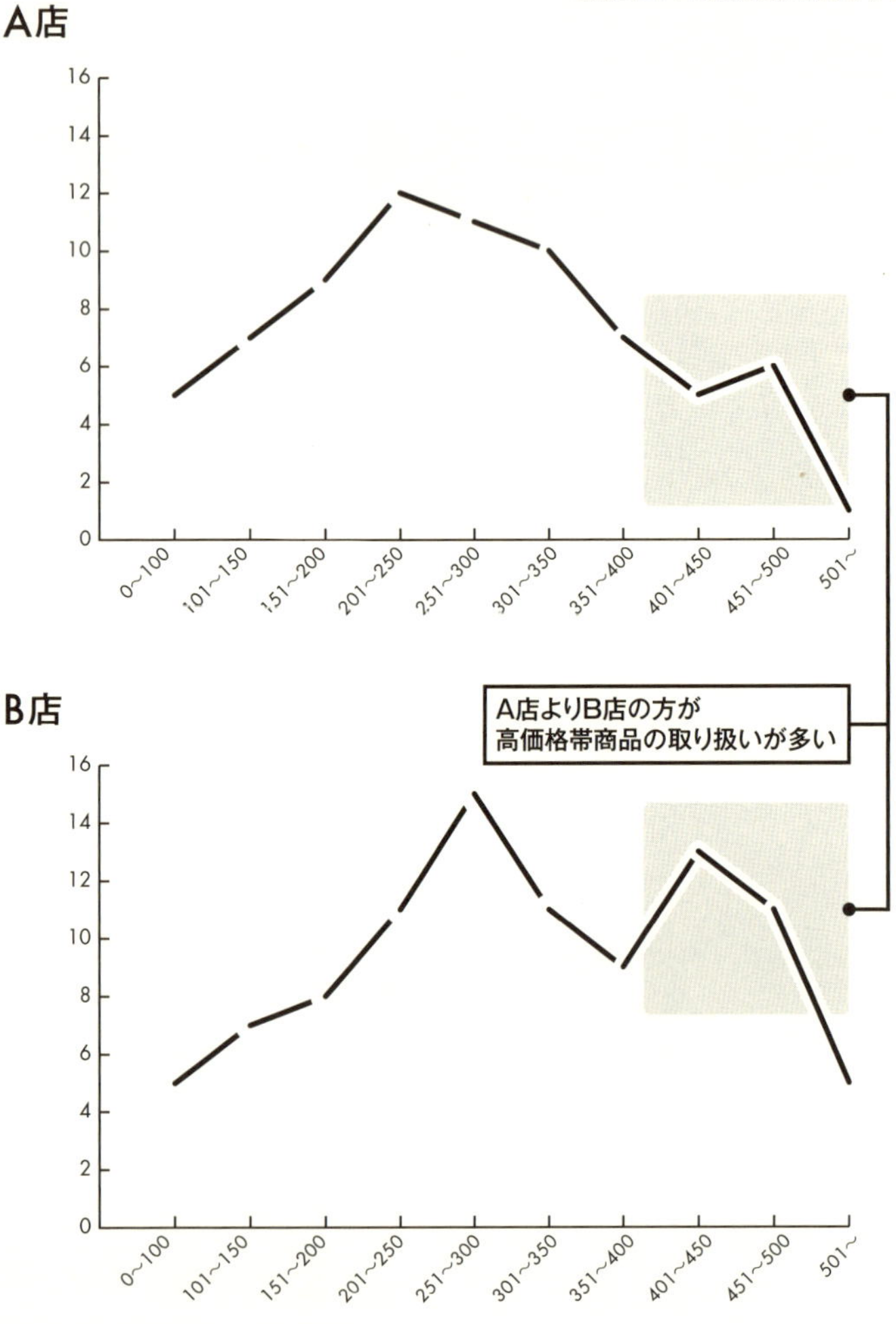

# リアル店舗での時間帯対策

ＩＤ-ＰＯＳデータ分析によって、たくさんの顧客のライフスタイルが見えてくる。顧客分析ソフトによって、顧客のライフサイクルからライフスタイル、ライフステージまで分類できる。

顧客が購入している商品を時間帯でも把握できるのだから、時間帯別マーチャンダイジングも可能なはずである。

消費者ニーズの変化のひとつとして挙げられるのが、簡便食品への需要の高まりである。

これまでならば、コロッケや天ぷらの素材を購入し、自宅で揚げることがふつうであったかもしれない。しかし、かつて自宅で天ぷらを揚げていた高齢者層でも、総菜のコロッケや天ぷらを店舗で購入することが一般的になりつつある（図表13）。

たとえば、客数の多い夕方の時間帯に、総菜の野菜コロッケを週に3回購入している顧客が来店したとしよう。そのとき、野菜コロッケが品切れしていたらどうなるだろうか。この顧客が、いつもの野菜コロッケを買えずに帰っても、その日に問題は見えてこない。

しかし、次に来店したときにも野菜コロッケが品切れしていれば、この顧客はどう思うだろうか。品切れへの不満を従業員に伝える顧客はほとんどいないであろう。よほど不利益なことが起きない限り、顧客は不満を表に出すことはない。そして、何も言わずに来店しなくなってしまうのである。

リアル店舗での時間帯別の品揃えが、データとして活用できているのであればよい。しかし、毎日忙しい店舗では、いくつ売れたか確認する習慣はあるが、

【図表13】食生活と調理仕様の変化

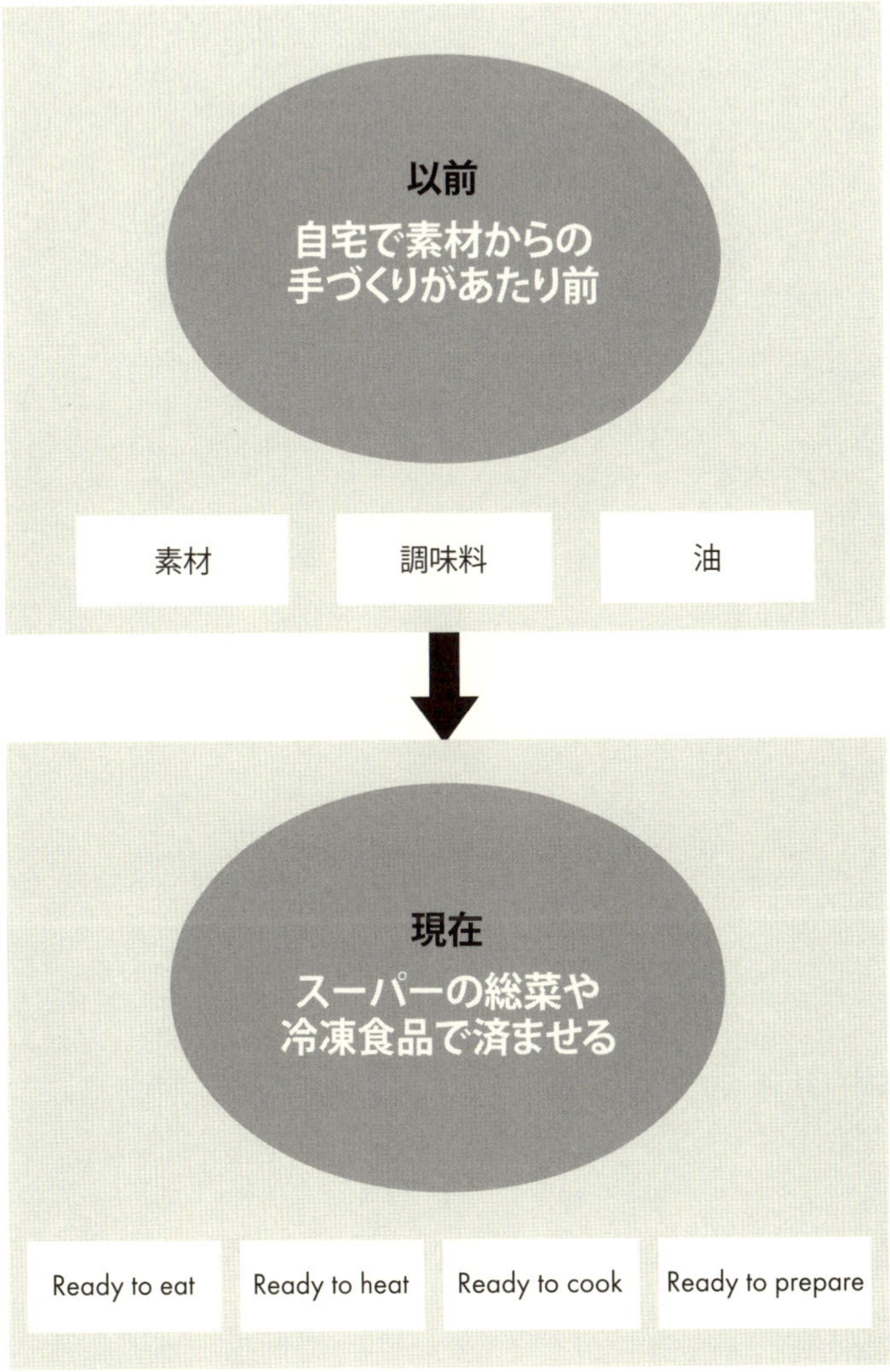

いつ完売したのか、どの時間帯に品切れが発生していたのかをデータで確認することはほとんどない。

店舗単位で顧客ごとの購買履歴データを確認できる体制を整えている食品スーパーはほとんどないであろう。顧客クラスター分類によるデータは、店舗では直接見る必要はないし、個人情報の管理上、リスクが高い。

そこで、ID-POSデータの分析から、総菜の中でもとくに揚げ物類を好むクラスターの来店が多い曜日、時間帯がわかれば、そのクラスターの顧客の来店頻度が減少することは防げるはずだ。

単品POSデータからも把握はできるが、一歩先んじて特定のクラスターが来店する時間帯がリアル店舗でもわかるようになれば、店舗における総菜の販売の精度が高まる（もちろんRFM分析は必要である）。

チェーンストアにおいても、店舗ごとに各クラスター構成比が異なる。野菜コロッケのファンであるクラスターも、店舗ごとに来店する曜日や時間帯に相違がある。アイテムごとに完売したかどうかを確認し、販売数量を増やすチャンスを発見すべきだ。

アイテム別の製造計画を立てるには、ターゲットとするクラスターの来店ピーク時間やアイテムの時間帯別の売上構成比などのデータが必要である。

店舗ごとに、ターゲットとするクラスターのＲＦＭ分析の結果をもとに、時間帯別の販売数量に合わせた製造スケジュールを組むことが重要だ。

それが顧客満足度を高め、店舗の支持率アップに結びつくだろう。また、販売計画の精度を高めることで、廃棄ロスの減少につながり、結果的に利益確保にもつながるだろう。

データ分析によって、顧客満足度を高めるためには、デシル分析も役立つ。

デシル分析とは、購買履歴データをもとに、すべての顧客の購入金額を多い順に10等分して、各ランクの売上高や粗利益の構成比、購入比率などを算出す

## 【図表14】ID-POSデータによるデシル分析の活用法

| | 顧客数（人） | 買上金額（円） | 構成比（%） | 買上累計（円） | 累計構成比（%） | 購入回数（回） | 回数／人 | 粗利益額（円） | 粗利益構成比（%） | 粗利益率（%） |
|---|---|---|---|---|---|---|---|---|---|---|
| 1 | 2,123 | 200,888,225 | 51.23 | 200,888,225 | 51.2 | 45,228 | 21.30 | 55,255,687 | 56.5 | 27.5 |
| 2 | 2,123 | 76,830,840 | 19.59 | 277,719,065 | 70.8 | 25,839 | 12.17 | 19,960,888 | 20.4 | 26.0 |
| 3 | 2,124 | 44,687,518 | 11.40 | 322,406,583 | 82.2 | 17,856 | 8.41 | 10,844,448 | 11.1 | 24.3 |
| 4 | 2,125 | 26,985,334 | 6.88 | 349,391,917 | 89.1 | 12,399 | 5.83 | 5,021,452 | 5.1 | 18.6 |
| 5 | 2,125 | 16,908,970 | 4.31 | 366,300,887 | 93.4 | 8,755 | 4.12 | 3,212,544 | 3.3 | 19.0 |
| 6 | 2,125 | 10,843,152 | 2.77 | 377,144,039 | 96.2 | 5,455 | 2.57 | 1,948,574 | 2.0 | 18.0 |
| 7 | | | | | | | | | | |
| 8 | | | | | | | | | | |
| 9 | | | | | | | | | | |
| 10 | | | | | | | | | | |
| 合計 | | | | | | | | | | |

ID-POSデータを活用することで
顧客ごとにデシル分析が可能になる

↓

①デシル分析によって、
売上高貢献度の高い優良顧客層を把握する

↓

②優良顧客層を含むデシルランクごとに、
効率的にマーケティング施策を行う

↓

③優良顧客層からデシルランク順にロイヤルティが向上する

る手法である（図表14）。この構成比や比率を明らかにすることで、売上高貢献度の高い優良顧客層を知ることが可能だ。

ＩＤ-ＰＯＳデータのデシル分析によって、顧客ロイヤルティ向上のチャンスを見つけることができるだろう。

このデシル分析によって、売上を伸ばすには、どのデシル別クラスターを重要視すべきかを計り知ることが可能となる。自社にとっての優良顧客層を把握し、そこに効率的なマーケティングを実施することもできる。

デシル分析により自社の顧客を知り、デシルランクのダウンを防ぐとともに、デシルランクの維持やアップのための対策を実行しよう。

# クラスターの構成比の変化に注目

顧客IDをベースに購買履歴を分析すると、ライフステージを示す家族構成の変化や、ライフスタイルの変化を表す商品の使用量、商品の購入価格の変化なども見えてくる。

たとえば、毎週のように大容量の肉類を購入する顧客クラスターのID-POSデータ分析から、肉類の購入が減少しているとしよう。

しかし、その理由がわからない状態が続き、店頭の商品の値引き販売が増加している。一方で、小容量パックは品切れが続いている。こうした状況では、どのような対策を打てばよいだろうか。

もちろん、POSデータの実績から、店舗では製造計画の修正を行うであろう。これは生鮮食品などでも同様である。しかし、大容量パックの販売数量が減少した原因については、ＰＯＳデータでは把握することができない。

そもそも販売数量が減少した原因がわからなくても、ＰＯＳデータ管理で製造販売計画を修正すればよいと考える企業もあるだろう。販売データの変化について疑問を抱いても、販売計画を修正すればその疑問も消えてしまう。日々の業務に忙殺される中、自社の顧客のライフスタイルが変わっていることに対応しようとしないのだ。

しかし、顧客分析ソフトを導入している企業であれば、ＩＤ-ＰＯＳデータの分析から顧客の変化をいくつも発見できる。

このケースでは、育ちざかりの子供を持つ世帯の構成比の変化に気付くであろう。これまでのクラスター分類では、この世帯の構成比は全体の約20％を占めていたが、現在、その比率が低下しているのである。

国勢調査などのデータを参考にするのもよいが、**特定顧客の購買履歴の変化を過去から現在まで比較することで、顧客のライフスタイルの変化にいち早く気づくことができる。**

会員登録時の世帯人数が6人としても、人数の定期的な更新まではおそらく不可能である。そこで、更新できない顧客データを購買履歴の変化から発見することが重要となる。

先ほどの例でいえば、毎週、肉の大容量パックを購入していた顧客が、ある時期から量目を減らしたら、その原因をID-POSデータから見つけるのだ。その変化が続いているのであれば、クラスター分類や各クラスターの構成比を修正し、その分析報告を行う。そして最終的には、ライフステージ分類の修正を行う。

クラスター分類を修正することは、顧客の変化を把握することと同じであり、商品戦略を見直す上でも役に立つ。いまや科学的なデータ分析が可能となっているのだから、利用しない手はない。

顧客はつねに変化している。

とくにメーカーは最新の市場動向を把握するため、クラスター分類の構成比の変化を小売業と共有したいと希望している。そのことで、市場に適合した商品開発や品揃えなど、顧客のライフスタイルに合った提案を小売業に提供できるからだ。

小売業もメーカーも、当然、シェア拡大をめざしている。オーバーストア化が顕著で、さまざまなチャネルから商品を購入できる環境の中、科学的なデータ分析は顧客からより支持され、企業価値を向上させる手段となりえる。

そのためのデータ分析は決して、独自の閉鎖的なものではなく、取り組みの重要度に合わせ企業間で共有することが、データ分析による企業価値向上につながるといえるだろう。

メーカーであれ小売業であれ、狭い視野でデータ管理を行うと、顧客により近いところでのビジネス展開が可能にもかかわらず、そのチャンスを逸してしまう。

偏った分析結果に基づき顧客のライフスタイルを設定していれば、当然ながら顧客は離れていく。

多くの小売業がいま、ＩＤ-ＰＯＳデータを分析し、新しいビジネスに活用しようとしている。

とくに先進的な企業は、ＩＤ-ＰＯＳデータを重要取引先と共有することで、顧客のライフスタイルの変化を継続的に分析し、新しい顧客の発見につなげようとしている。データを活用することで、新しいビジネスチャンスを見つけることができるのだ。

今後さらに、いつでも、どこでも、自分の好みやニーズに応じて商品やサービスを購入できる環境が整備されていくだろう。

ＩＤ-ＰＯＳデータの分析・活用により、顧客の購買チャネルの変化に迅速かつ柔軟に対応することが望まれる。

# おわりに

本書の作成にあたっては、私のこれまでの知識や経験のほか、とくにこの3年間のコンサルティングにおける気付きや考えたことを念頭に置いた。

それは、相談を受けた多くの企業において、顧客のライフスタイルを知りたい、発見したい、そして顧客のライフスタイルに寄り添った商品を提案したいという声が、大幅に増えているためだ。

科学的データを活用した顧客の囲い込みには、業種業態は異なっていても共通した方法がある。それは、顧客のライフスタイルをいち早く発見し、検証し、ライフスタイルごとに商品を提供するということである。それには、ID-POSデータの分析・活用が不可欠となる。

本書を参考に、顧客の生活の変化に対応できるよう、「顧客視点」でのビジネスを展開されることを祈念している。

最後に、長年私を育てていただいた株式会社オギノ代表取締役社長の荻野寛二氏、株式会社シジシージャパン様に御礼申し上げます。また、データ関係でご教授いただいた中央大学大学院中村博教授、関西大学商学部・データサイエンス研究センター矢田勝俊教授にも深く感謝申し上げます。そして、ご指導をいただいた岩田昌久氏、山本泰生氏、豊田正弘氏、株式会社ＴＭＢ様、そのほか多くの方々に心より感謝申し上げます。

数えきれない支援を頂いた皆様にも御礼申し上げたいと思います。本書の「顧客視点」の提案が、流通業界の発展に結び付くことを願っております。

ＦＳＰ：流通コンサルタント代表

石原みどり

# 用語解説

**【オープン告知】** すべての顧客を対象としたプロモーション。新商品の発売時などに実施される

**【オムニチャネル】** オムニとは「すべて・あまねく」といった意味の英語。店舗やオンラインなど顧客が買物をするさまざまな経路（チャネル）で接点をつくり、顧客がいつでも、どこでも、どのチャネルでも商品を購入できるようにする施策

**【カスタマーエクスペリエンス】** 顧客が商品やサービスの購入・消費を通じて感じる一連の体験。その積み重ねによってブランドや企業に対するイメージや評価が形成される

**【カテゴリーマネジメント】** 特定の商品カテゴリーについて、小売業とメーカーが共同して売上と収益を最大化するように取り組む施策

**【クラスター】** 英語で「集団」や「群れ」の意味。ID-POSデータなどから似通った特徴により分類したもの。クラスターごとにプロモーションを行うなど販促活動の基礎的な分類指標

**【クローズ告知】** 設定したターゲットに対して、ダイレクトメールやクーポンなどで行う告知やプロモーション

**【顧客軸／顧客視点】** 商品開発やプロモーションにおいて、ID-POSデータを分析し、顧客それぞれの生活シーンや購買動機に注目すること

**【商品軸／商品視点】** 商品開発やプロモーションにおいて、POSデータを分析し、「何が」「いつ」「いくつ」売れたかに注目すること

**【商品DNA】** さまざまな商品に付与したライフスタイルに関連する属性（特性）のこと。ID-POSデータの分析において、商品DNAを活用することでクラスター分類などが行いやすくなるとされる

**【セグメント】** 顧客や市場を何らかの基準で分類した際の同質的な集団

**【ダブル告知】** オープン告知とクローズ告知を組み合わせた全顧客対象型のプロモーション

**【デジタルサイネージ】** 電子看板。あらゆる場所で電子表示機器を用いて広告や案内などを表示する情報伝達媒体

**【デシル分析】** デシルとはラテン語で10等分のこと。デシル分析では顧客を購買金額の多い順に並べて10等分し、全体に占める各分類の比率や上位からの累積比率などを算出する。デシルアップは上位分類の比率を高めること、デシル維持は現状の分類比率を維持すること、デシルダウンは上位分類の比率が低下することを示す

**【データマイニング】** マイニングとは「発掘」のこと。企業などが保有する大量のデータを分析し、有用な法則性やデータ間の相関関係などを発見する手法

**【デモグラフィック】** 顧客を理解するための人口統計学的属性のこと。具体的には性別、年齢、住所、学歴、職業、収入、家族構成など

**【デンドログラム】** クラスター分析において、最も似ている組み合わせから順番にグループ化される過程を段階的に表した樹形図のこと

**【バスケット分析】** 顧客が買物した買物かごの中身を分析して、商品の関連購買の傾向などを発見するデータマイニングの手法のひとつ。併売分析ともいわれる

**【ビッグデータ】** 従来の一般的なイメージを超える膨大で複雑なデータを指す。各種のデバイスやサーバー、通信ネットワークなどの性能が急速に進歩し、ビッグデータの収集が容易になっている

**【ブランドスイッチ】** 特定ブランドの商品を購入していた顧客が、同じカテゴリーの他社ブランドに切り替えること。他社ブランドに切り替えた顧客が再び戻ってくることをスイッチバックという

**【プロモーション】** 商品やサービスに対する消費者の意識や関心を高めて購入意欲を喚起するための活動

**【マーケットセグメンテーション】** 市場細分化。顧客の好みなどで分類し、市場を絞り込むことで効率的なマーケ

ティングを行うことができる

**【ライフサイクル】**商品が市場に投入されてから成長、成熟、衰退に至るまでのサイクル。本書では、顧客についてはその日常生活における買物などの行動周期を意味する

**【ライフスタイル】**嗜好や生活志向など、購買履歴データから想定する顧客の生活の方向性

**【ライフステージ】**就職・結婚・子育てなど人の一生を段階的に区分したもの。顧客のライフステージや購買行動を把握したうえで、商品開発や販売手法を検討する

**【リピート率】**商品を購入した顧客のうち、再購入した顧客の割合

**【リフト値】**データマイニングの際の相関分析の指標のひとつで、関連購買傾向の比率を示す。同時購買率を、同時購買された商品の購買率で割った値

**【ロイヤルカスタマー】**他社よりも、自社で商品を購入してくれるロイヤルティの高い顧客

---

**【ロイヤルティ】**忠実さや忠誠心を意味する英語(Loyalty)。小売業やメーカーからみて、顧客が自社の店舗や商品を繰り返し利用・購入してくれるかどうかを計る尺度になる

**【ワン・ツー・ワン・マーケティング】**多数の顧客に対して最大公約数的なアプローチを行う「マス・マーケティング」に対し、ターゲットとする顧客を個人単位に絞り込んでアプローチするマーケティング手法。顧客を絞り込むためのデータなどが必要となる

**【CRM】**Customer Relationship Management の略で「顧客関係管理」などと訳される。顧客情報をデータ化して管理し、顧客との関係を深め、顧客のロイヤルティアップを通じて売上や利益を増やしていく手法

**【ECR】**Efficient consumer response の略。メーカー、卸売業、小売業の製配販が連携して流通の効率化を図り、消費者に価値を提供すること

**【FSP】**Frequent Shoppers Program の略。購入金額や購買頻度の高い顧客をポイントなどで優遇し、売上と

収益の安定を図ろうとする戦略。1980年代、アメリカの航空会社がマイレージ・ポイントを導入したのが始まりといわれる

**【ＩＤ-ＰＯＳ】** ＩＤはIdentificationの略で、「身分証明書」や「識別番号」を意味する。ＩＤ-ＰＯＳでは顧客の個人情報とＰＯＳデータをリンクさせ、顧客別の購買履歴情報を収集する

**【ＩｏＴ】**Internet of Thingsの略で「モノのインターネット」などと訳される。さまざまな装置や機器がインターネットを通じて接続され、大量の情報（ビッグデータ）が双方向でやり取りされる環境や社会を示す

**【ＬＴＶ】** Life Time Valueの略で、「顧客生涯価値」と訳される。一人の顧客が自社の店舗や商品をその生涯においてどれくらい利用・購入するかを算出した指標

**【O2Oマーケティング】** O2OはOnline to Offlineの略。Ｗｅｂ（オンライン）から実店舗（オフライン）へ、または実店舗からＷｅｂへ顧客の購買行動を誘導する施策

**【ＰＤＣＡ】** ビジネスなどにおいて業務品質を向上させるプロセス管理の考え方。Plan（計画）→Do（実行）→Check（評価）→Action（改善）を繰り返し行う

**【ＰＯＳ】** Point of Salesの略で、「販売時点情報管理」などと訳される。商品に付けたバーコードをスキャナーで読み取ると、自動的に売上金額や販売情報などを収集するシステム

**【Ready to eat】** すでに食べられる状態になっていること

**【Ready to prepare】** すぐに調理できるようにレシピと食材がセットされている状態のこと

**【ＲＦＭ分析】** ＲＦＭは直近購買日（Recency）、購買頻度（Frequency）、購買金額（Monetary）の略。ＲＦＭ分析では、この3つの指標で顧客を段階的にグループ化し、それぞれのグループの性質を理解して、マーケティングを講じる

［著者］
**石原みどり**（Midori Ishihara）
1954年生まれ。甲府市出身。1979年に株式会社オギノ入社。食品部門に配属され、歴代最年少の27歳で店長就任。1993年商品部チーフバイヤー着任。株式会社シジシージャパンの商品開発全国委員長を兼務。バイヤー時代に独自にFSPの研究を開始、国内外にて商品開発に従事しながら欧米の小売業を研究する。2003年営業企画室ゼネラルマネージャー（GM）に着任し、FSPの推進に注力。このころ取引先のメーカーなどとともに「FSP研究会」を立ち上げ、ID-POSデータの分析・活用を開始する。欧州小売業のFSP調査研究を続けながら、ID-POSデータを活用したプロモーション戦略を推し進める。商品部GM、販売部GMを歴任し、データの分析・活用における後継者の育成に努める。2015年にオギノを定年退職し、FSP流通コンサルタントとして独立。小売業、メーカー、IT企業などでセミナー講師やコンサルティング業務に従事する。2017年関西大学非常勤講師。

選ばれる店になる！
**大競争時代のID-POSデータ活用術**

2018年6月20日　第1刷発行

著　者——石原みどり
発　売——ダイヤモンド社
〒150-8409　東京都渋谷区神宮前6-12-17
https://www.diamond.co.jp
販売　TEL03･5778･7240
発行所——ダイヤモンド・リテイルメディア
〒101-0051　東京都千代田区神田神保町1-6-1
http://www.diamond-rm.net/
編集　TEL03･5259･5941
装丁————渡邊民人（TYPEFACE）
本文————谷関笑子（TYPEFACE）
印刷・製本—ダイヤモンド・グラフィック社
編集協力——古井一匡
編集担当——田中浩介


ISBN 978-4-478-09055-8

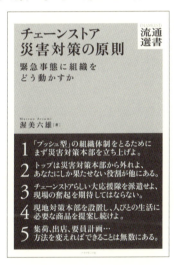

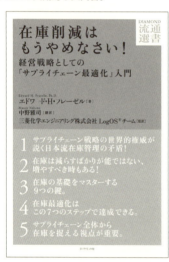